PAGE PRÉCÉDENTE
Joann Sfar (scénario et dessin), *Les Idolâtres*, 2023, illustration de couverture, encre de Chine sur papier, 42 × 29,5 cm

COUVERTURE
Joann Sfar, illustration pour l'exposition « Joann Sfar. La vie dessinée » au mahJ, 2023, encre de Chine sur papier, 21 × 15 cm

JOANN SFAR. LA VIE DESSINÉE

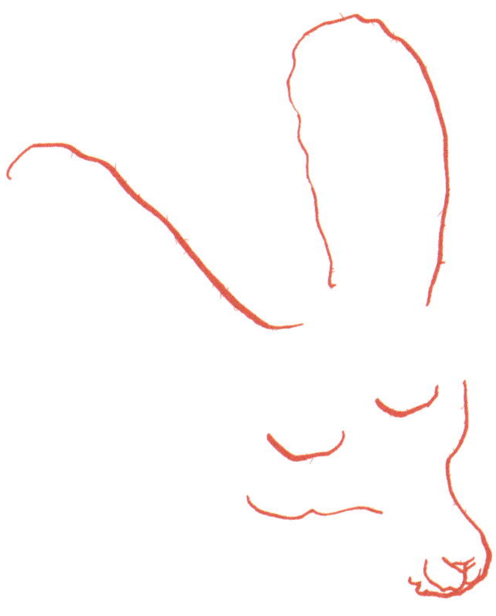

mahJ musée d'art et d'histoire du Judaïsme

DARGAUD

AUTEURS

Ada Ackerman,
historienne de l'art, chargée de recherche au CNRS (Thalim) et commissaire d'exposition

Corinne Bensimon,
journaliste

Arnaud Bikard,
maître de conférences en langue et culture yiddish à l'Inalco

Jean Birnbaum,
journaliste et essayiste

Émile Bravo,
auteur de bande dessinée

Philippe Comar,
écrivain, historien de l'art, plasticien, ancien professeur aux Beaux-Arts de Paris

Olivier Daviaud,
compositeur

Emmanuel Debono,
historien, rédacteur en chef du Droit de vivre

Maxime Decout,
professeur à Sorbonne université – IUF

Clémentine Deroudille,
commissaire d'exposition

Brigitte Findakly,
autrice et coloriste de bande dessinée

Emmanuel Guibert,
dessinateur et scénariste de bande dessinée

Xavier Kawa-Topor,
délégué général de NEF Animation

Pascal Ory,
professeur émérite à la Sorbonne (Paris 1), membre de l'Académie française

Marc-Alain Ouaknin,
philosophe, professeur des universités, université de Bar-Ilan, Ramat Gan, coproducteur de l'émission Talmudiques *sur France Culture avec Françoise-Anne Ménager*

Thomas Ragon,
éditeur

Ewa Tartakowsky,
chargée de recherche au CNRS, Institut des sciences sociales du politique

Nicolas Tellop,
écrivain et essayiste, théoricien de la pop culture et de l'imaginaire

Lewis Trondheim,
dessinateur et scénariste de bande dessinée

Avishag Zafrani,
professeur de philosophie, Institut catholique de Paris

SOMMAIRE

ENTRETIEN AVEC JOANN SFAR

Paul Salmona

P. S. *Quel souvenir gardez-vous des premières fois où vous avez accompagné votre père à la synagogue?*

J. S. Je suis allé à la synagogue pendant toutes les fêtes juives et tous les *shabbat* jusqu'à l'âge de vingt ans. Nous fêtions toutes les fêtes et j'ai assisté au Talmud Torah[1] tous les mercredis et tous les dimanches à partir de l'âge de six ans. Je suis celui qui sait et qui ne pratique pas. Enfant, je vivais la pratique religieuse comme un tribut à payer à mon père. C'était d'autant plus difficile que j'étais tout entier voué à l'admiration pour mon grand-père maternel, qui était un anticlérical sanguinaire, car sa famille avait péri dans la Shoah par balles, et que lui-même avait perdu sa fille unique. Il avait fait des études de rabbin à Bolechov[2] et savait tout sur la religion qu'il avait en conscience reniée. Ce qui ne l'empêchait pas de parler yiddish, d'être profondément sioniste et de lire tout ce qui concernait les juifs ou Israël.

Pour moi, la joie de la pratique est venue autour de la table familiale, chez ma grand-mère paternelle, parce que j'aimais beaucoup les dîners de *shabbat*. Son judaïsme relevait plus de la magie et de la superstition que de la religion, et cela me convenait très bien.

P. S. *Et du* seder[3] *de* Pessah *?*

J. S. C'est là que je suis devenu dessinateur : les dessins de la *Haggadah* de *Pessah*[4] m'ont beaucoup marqué, mais, esthétiquement, ils relèvent de la tradition sulpicienne[5]. Quand j'étais petit, on me racontait que le judaïsme c'était une religion. Donc, pour être juif, il fallait faire la religion, mais je n'étais vraiment pas croyant. Je le suis peut-être devenu... J'ai appris à faire mien cet héritage, avec la conviction que juif ce n'est pas une religion, c'est un peuple.

P. S. *Vous dites: «Je n'étais pas croyant. Je le suis peut-être devenu...?»*

J. S. Par le goût du rituel, par la substitution du dessin et de l'écriture à la prière. D'ailleurs, le dessin est peut-être une religion... En tout cas, je suis venu au dessin par le judaïsme, par l'ascèse, la prière, le rituel... Il y a tout cela dans mon dessin. Je ne suis pas quelqu'un qui a la foi, mais j'aime la pratique et je passe ma vie à essayer de trouver une réponse au nihilisme. Or, on ne trouve jamais de réponse satisfaisante, et c'est dans cet entre-deux que se logent le dessin, l'écriture, l'observation du réel, un amour pour mes semblables peut-être acquis chez Emmanuel Levinas[6]. J'ai le sentiment qu'à regarder un visage on se rapproche davantage de la spiritualité qu'à espérer une transcendance qu'on va attendre aussi longtemps que Platon... En revanche, si la spiritualité, c'est décoder le chiffre esthétique de l'existence, trouver des lettres et des formes qui sont un petit barrage face au néant, là oui !

P. S. *Quel souvenir gardez-vous du Talmud Torah?*

J. S. Des rabbins formidables et une ambiance générale imbécile. À l'école laïque et républicaine, j'étais premier de la classe, tandis qu'au Talmud Torah j'étais nul. J'y ai été puni parce que j'ai eu le malheur d'affirmer qu'Adam et Ève étaient un symbole, ce que mon père m'avait dit. Je le lui ai raconté et il m'a répondu qu'il ne fallait pas le répéter !

Quand j'avais moins de 18 à l'école, c'était une tragédie, alors que si on me faisait redoubler au Talmud Torah je n'en concevais pas la moindre culpabilité. Une chose qui m'a plu, c'est qu'un rabbin nous a apporté des plumes d'oie et nous a fait écrire comme dans un *Sefer Torah*[7] : j'ai beaucoup aimé mettre de l'encre de Chine partout...

P. S. *À quel moment avez-vous commencé à dessiner ?*

J. S. J'ai toujours dessiné. Tous les enfants dessinent et arrêtent à l'entrée en sixième parce qu'on prétend que le dessin serait un marchepied vers l'écriture. Moi, je n'ai pas arrêté à l'adolescence – c'était l'occasion de faire apparaître des présences rassurantes. Mon dessin relève plus du totem que de l'esthétique : je fais exister des personnages ; ils sont avec moi et je me sens bien avec eux. À l'école, je n'étais pas celui qui dessinait le mieux, mais je dessinais tout le temps. Aujourd'hui, une différence entre mes camarades dessinateurs et moi, c'est ma fascination intacte pour les dessins des autres. Je continue à les regarder dessiner comme si c'était de la magie, et je travaille sur mon dessin avec un mélange de mystique et de conviction, parce que je suis persuadé que cela relève des sciences humaines. C'est pour moi une immense source de joie et une manière de supporter l'existence.

Le moteur qui me pousse à dessiner est le même que celui qui amène quelqu'un à faire des prières. Et je pense que lorsqu'on dessine autant que moi, on n'a plus le temps de faire des prières et on n'en voit même plus l'intérêt. Dans la mesure où l'iconoclasme est au centre de la pensée juive, tout individu qui pratique le dessin cesse d'être juif d'un point de vue religieux. Mais c'est une transgression qui reste tout de même acceptable. C'est ce qui fait que les prophètes de la bande dessinée sont juifs – Jack Kirby, Will Eisner... – parce que leur pratique part d'une transgression.

P. S. *Il y a des images dans le judaïsme depuis l'Antiquité... L'interdit porte-t-il réellement sur la représentation figurée?*

1 Talmud Torah : instruction religieuse juive donnée aux enfants.
2 Bolechov en Pologne (aujourd'hui, Bolekhiv en Ukraine) : ville de quelque 8 000 habitants à la fin du XIXe siècle, dont la moitié étaient juifs.
3 Dîner rituel pris les deux premiers soirs de la Pâque juive.
4 *Haggadah* : récit de la sortie d'Égypte, publié dans d'innombrables éditions illustrées pour les enfants, et lu lors du *seder*.
5 Objets religieux médiocres vendus dans la proximité de l'église Saint-Sulpice à Paris.
6 Emmanuel Levinas (1905-1995) : philosophe français d'origine lituanienne, auteur d'une œuvre considérable, renouvelant la pensée juive dans l'après-guerre.
7 Rouleau de la Torah comportant les cinq premiers livres de la Bible hébraïque ou Pentateuque, copié sur parchemin par un scribe ou *sofer*, à l'aide d'un calame ou d'une plume.

J.S. C'est le sujet des *Idolâtres*, l'album qui sortira en 2024[8]. On a le droit de produire des images pour enseigner, si c'est pédagogique, si c'est pour comprendre les règles du réel, si c'est pour éprouver ce qu'a éprouvé Dieu lors de la création. Ce qui est prohibé, c'est l'idolâtrie. Est-ce que les bandes dessinées sont une forme d'idolâtrie ou son antidote? C'est une question qu'il ne faut pas trancher.

P.S. *À quel moment avez-vous découvert Chagall?*

J.S. C'est l'école, en CM2, qui nous a amenés au musée du *Message biblique*[9] à Nice. Et cela a été un choc. Si je n'avais connu qu'*Astérix* et *Conan le barbare*, mes bandes dessinées favorites, je n'aurais jamais osé faire de BD parce que cela me paraissait trop «bien fait». Or, face à Chagall, non seulement on est écrasé par la puissance des œuvres, mais je me souviens m'être assis par terre face aux immenses toiles, en me disant: «Je veux participer!» C'est pourquoi, depuis, chaque fois que je fais une bande dessinée pour enfants, je m'efforce que le héros soit «facile à copier». C'est le cas de *Petit Vampire* et de *Sardine de l'espace*. Chagall m'a fait découvrir la peinture alors que, paradoxalement, mon père, bien que très lettré, ne lisait jamais un roman, n'allait jamais au cinéma et ne m'emmenait pas au musée.

P.S. *Et Arthur Haftel, votre grand-père maternel?*

J.S. Il me lisait *L'Iliade* et *L'Odyssée*, et des classiques, mais aussi des textes en anglais pour que j'apprenne la langue, en prétendant qu'il n'y avait pas de traduction. Il m'a abonné au *Reader's Digest*, mais il n'avait pas de passion pour la littérature, le théâtre ou l'opéra. Il avait une volonté de transmission des belles lettres, de la culture classique, dans une logique d'intégration.

P.S. *Comment avez-vous découvert le Golem?*

J.S. Tout petit déjà, je rêvais de trouver un judaïsme pas emmerdant. Et je dois dire que la mystique, cela me plaisait beaucoup, mais à chaque fois que je mettais un pied dedans, au Talmud Torah, on me disait: «C'est mal. Il ne faut pas de kabbale chez les juifs; il ne faut pas de magie!» Soit dit en passant, il ne fallait pas non plus de juifs provocants: la découverte de Serge Gainsbourg a été extraordinaire parce que c'était enfin un juif pas emmerdant. J'ai découvert le Golem à l'adolescence à travers le film de Paul Wegener[10] et le livre de Gustav Meyrink[11], ensuite avec Jack Kirby[12], le dessinateur des *Quatre Fantastiques*, qui dessinait des golems tout le temps et ne faisait pas mystère de son judaïsme, ce qui me plaisait beaucoup.

Je me rappelle que lorsque je posais à mes cousins, qui étaient très religieux, des questions sur le Golem comme: «Il y a de la magie ou pas chez nous?», on me répondait: «Non, il n'y en a pas!» «Le Golem, ça existe ou ça n'existe pas?» Et la réponse était que la vraie question, c'est: «Est-ce qu'on doit le compter dans un *minian*[13] s'il entre dans une synagogue?» ou «Est-ce que c'est un homme ou est-ce que c'est une femme?» Pour le coup, cela m'intéressait. Plus tard, pour mon mémoire de philosophie, j'ai lu Moshé Idel, André Neher, Charles Mopsik... tous les auteurs qu'il faut.

P.S. *Joseph Kessel et Romain Gary ont été, comme vous, élèves au lycée Masséna...*

J.S. En fait, j'ai découvert Kessel en primaire, avec une autodictée sur *Le Lion*, un texte fondateur pour moi parce qu'il avait la gravité du *Petit Prince*. J'ai lu Gary beaucoup plus tard, au collège. Il faut savoir qu'à l'époque, et je n'en avais pas conscience, Gary – qui était un mythe à Nice, aussi bien que Kessel – était considéré comme de droite. Je pense qu'on n'était pas en situation de comprendre ce qu'a été l'utopie gaulliste pour un jeune Français juif né en Lituanie. Pour moi, cela avait une signification parce que mon grand-père maternel – qui avait été résistant dès le début de la guerre et parlait russe et polonais – appartenait à cette diaspora d'Europe centrale et orientale. Il traduisait les papiers des Russes et des Polonais qui débarquaient à Nice et qui n'étaient pas juifs. Et il y avait aussi dans son entourage des Libanais, qui ne lisaient que *L'Orient-Le Jour*, et des Iraniens. Et Gary, dans ce milieu, c'était une référence. Kessel aussi.

P.S. *À l'époque, étiez-vous conscients de leur judéité?*

J.S. Je savais que Gary était juif. En revanche, pour Kessel, je savais simplement qu'il était russe.

P.S. *Comment avez-vous découvert la peinture?*

J.S. À quatorze ans, j'ai rencontré une Parisienne en vacances et j'ai demandé à mon père l'autorisation d'aller la rejoindre parce qu'on s'était un peu embrassés. Quand je suis arrivé à Paris, cette fille, qui avait trois ans de plus que moi, m'a expliqué qu'elle avait, depuis, rencontré un «vrai homme». Comme j'étais désœuvré à Paris, mon cousin et ma tante m'ont emmené dans les musées. Ils m'ont fait découvrir le musée Picasso, le Centre Pompidou, le Louvre... Et m'ont dit: «Tu veux faire des bandes dessinées, c'est ton choix, mais dans ce cas-là, il faut que tu sois le meilleur. Et les bandes dessinées, cela exige d'écrire et de dessiner, donc il faut que tu te cultives.»

Rentré à Nice, je me suis inscrit au théâtre et au ciné-club. Et là, je me suis tout de suite passionné pour l'expressionnisme allemand, que j'aimais visuellement, et je me suis construit une culture cinématographique personnelle. Il faut dire que j'adorais les films d'horreur avant même de pouvoir en voir. Mon grand-père maternel m'achetait toutes les revues spécialisées: *L'Écran fantastique*, *Midi minuit fantastique*, *Starfix*... Je connaissais tout sans avoir vu les films!

8 Paris, Dargaud.

9 Musée national Marc Chagall.

10 Paul Wegener et Carl Boese, *Der Golem, wie er in die Welt kam* [*Le Golem, comment il vint au monde*], Allemagne, 1920.

11 Gustav Meyrink, *Der Golem, ein Roman*, Leipzig, Kurt Wolff Verlag, 1915; *Le Golem*, traduction de l'allemand par Denise Meunier, Paris, Stock, 1969.

12 Jacob Kurtzberg, dit Jack Kirby (1917-1994): auteur de bande dessinée américain, à l'origine de nombreuses séries qui ont marqué l'histoire des *comics* américains.

13 *Minian*: quorum de dix hommes adultes indispensable à la récitation des prières les plus importantes de tout office juif.

P. S. *Et Soutine qui est présent dans les albums sur Pascin ?*

J. S. Je l'ai découvert au musée de l'Orangerie. Bizarrement, j'ai découvert toute la peinture d'un coup, Rembrandt et Soutine la même semaine. Avec Pascin, la rencontre s'est faite beaucoup plus tard : je savais qu'il existait parce qu'à la Villa Thiole, une école municipale de Nice où j'apprenais le dessin et la peinture, il y avait des gens qui l'aimaient beaucoup. À Paris, quand j'étais aux Beaux-Arts, je passais tous les jours devant la galerie Abel Rambert qui avait une grande collection de Pascin que j'allais voir régulièrement. Et un jour, sans que je ne lui aie rien demandé, Rambert m'offre le catalogue raisonné, quatre énormes bouquins, et la biographie de Pascin par André Bay. Rambert avait été résistant et j'ai eu avec lui des discussions sur la Résistance que je n'ai jamais eues avec mon grand-père, qui ne voulait pas parler des combats de la guerre. Ce cadeau de Rambert m'a beaucoup marqué. Grâce à lui, je me suis mis à copier les dessins de Pascin.

À l'époque, j'habitais rue Guisarde, et Roland Topor venait, en bas de chez moi, boire, péter et manger du chili con carne au Birdland[14]. Je m'asseyais à côté de lui, je le dessinais, mais je n'ai jamais osé lui adresser la parole. Topor, Pascin, Gainsbourg sont des figures qui se sont mêlées en moi.

P. S. *Dans certains de vos portraits de Pascin, on reconnaît Gainsbourg, de même que le Malka des Lions, dans le tome 2 du* Chat du rabbin, *a les traits de Romain Gary.*

J. S. La première fois que j'ai vu une photo de Pascin, je me suis dit : «C'est Gainsbourg déguisé.» Quant au Malka des Lions, il a vraiment existé: c'était un juif d'Algérie, chantre de synagogue et montreur de lion, qui a giflé Jules Molle, député-maire antisémite d'Oran dans les années 1930. Beaucoup prétendent qu'il était leur grand-oncle... Je n'ai pas la moindre idée de son visage, mais il m'a semblé que Romain Gary bronzé, c'était bien.

P. S. *Votre grand-mère aussi était une Malka...*

J. S. Elle a inspiré le personnage de Zlabya, entre autres raisons, parce qu'elle était d'une beauté époustouflante et que tous mes camarades non juifs adoraient les filles juives. Si j'ai mis trente ans à raconter, dans *La Synagogue*, l'histoire du petit juif en colère qui casse la gueule à des skinheads, c'est que je sais que ce n'est pas ainsi qu'on se fait aimer. En revanche, si je raconte la jolie fille avec son chat, on va m'aimer davantage.

P. S. Le Chat *a fait entrer la judéité dans la bande dessinée française, dont elle était relativement absente.*

J. S. Dans mon travail, il y a beaucoup de choses inconscientes, mais dans *Le Chat du rabbin*, hélas, tout était très conscient. Ma grand-mère venait de mourir et, alors que j'avais passé mon enfance à ne pas aimer mon héritage séfarade, je me suis pris d'amour pour cette culture. Jusque-là, je n'aimais que mon héritage ashkénaze parce que, dans ma famille, ils étaient tous morts – cela me laissait de l'espace... C'est aussi l'année où je suis devenu père et celle de l'attentat des tours jumelles. À ce moment, on a essayé de nous vendre un «choc des civilisations» entre l'Orient et l'Occident. Je m'étais occupé d'un centre d'aide aux devoirs. J'étais au contact de la jeunesse maghrébine et j'ai voulu réenchanter les souvenirs maghrébins, réenchanter l'Algérie et mettre une famille juive au centre. Je voulais faire un conte de fées sur le Maghreb avec des juifs qui ont l'air arabe. Et j'ai très consciemment emprunté une imagerie coloniale pour raconter des histoires de populations colonisées.

Donc, je savais pourquoi je faisais *Le Chat du rabbin*. Pour autant, nous avons tous été surpris par le succès des ventes. À tel point que Dargaud a dû réimprimer pratiquement toutes les semaines pendant un an. Et je me suis piégé moi-même parce que, jusque-là, le religieux avait disparu de mon existence. À cause du *Chat*, j'ai vu revenir des rabbins, des curés, des imams, des pasteurs qui étaient ravis qu'on parle du fait religieux d'une manière presque incroyante. Et je me suis trouvé au centre d'une bienveillance œcuménique que je n'avais pas voulue.

P. S. *Vous vous êtes documenté pour concevoir* Le Chat *?*

J. S. Je me documente toujours à «la mode de Bretagne», c'est-à-dire que je travaille sur le souvenir familial, je lis énormément et je mets de côté pour le scénario. Et là aussi, consciemment, j'utilise des images qui viennent plutôt des années 1900 pour raconter des histoires qui se passent plutôt dans les années 1920-1930.

P. S. Klezmer *se déroule en Europe orientale. Que connaissiez-vous de la culture du* Yiddishland *avant d'entreprendre cette série ?*

J. S. Je ne connaissais pas la musique klezmer parce que, chez les juifs, on apprend la musique classique. Mon père avait fait rébellion et était devenu jazzman, mais le klezmer, on ne savait même pas ce que c'était. Même les musiques populaires judéo-arabes, on n'en écoutait pas.

P. S. *Même Esther Malka, votre grand-mère ?*

J. S. Certainement pas. Elle était «parisienne de Sidi Bel Abbès», mais elle feignait de ne pas parler arabe. C'est moi qui ai découvert tout cela car ces musiques me plaisaient. Enrico Macias lui-même, qu'on adorait, ne disait pas : «Je suis judéo-arabe», il affirmait : «Je fais de la musique arabo-andalouse.»

Mon père était pianiste. Il cessa le piano au décès de ma mère, qu'il remplaça par la religion. Et moi, à trente ans, enfin, je m'autorisais à acheter un harmonica, un ukulélé.

14 Bar de Saint-Germain-des-Prés dont le nom fait référence à Charlie Parker.

15 Isaac Babel (1894-1940): écrivain russe né à Odessa dans une famille juive, auteur notamment de *Récits odessites* et de *Cavalerie rouge*, et fusillé sur ordre de Staline.

16 Union générale des travailleurs juifs de Lituanie, de Pologne et de Russie, premier parti politique juif, socialiste, marxiste et laïque, fondé en 1897.

17 Dénomination de l'hébreu moderne par opposition à l'hébreu biblique.

18 Le yiddish, langue juive d'origine germanique s'écrivant en caractères hébraïques, mêle des termes hébreux (et slaves dans sa version orientale) à une syntaxe et un lexique allemands médiévaux.

19 Long poème consacré par Haïm Nahman Bialik, l'un des premiers grands auteurs hébraïques modernes, au premier pogrom de Kichinev en 1903. Le poème eut un retentissement considérable dans toutes les communautés juives.

Et je me mettais à écouter du maalouf, du chaâbi, du klezmer... Et je me lançais dans une recherche que mon grand-père n'avait jamais faite sur l'Europe centrale et orientale. J'avais lu Romain Gary à l'âge de seize ans, mais je ne savais pas qui était Isaac Babel[15], je ne connaissais rien du Bund[16].

Cette diversité juive, je l'ai découverte seul: une ville juive cosmopolite comme Odessa, sans autre ambition que de rester en Europe ; une langue juive européenne comme le yiddish... Quand j'étais enfant, on me demandait d'apprendre l'hébreu moderne, l'*ivrit*[17], que je n'ai d'ailleurs pas appris. L'idée qu'il y ait une langue juive germanique européenne[18] n'était pas du tout dans l'air du temps. Donc, je me suis réinventé un petit folklore pour mon usage personnel.

P. S. *Dans le tome 2 de* Klezmer, *vous reproduisez* Dans la ville du massacre[19], *le poème de Haïm Nahman Bialik sur le pogrom de Kichinev en 1903. À quel moment avez-vous découvert ce texte ?*

J. S. Quand j'ai publié le premier volume de *Klezmer*, il a tout de suite été traduit en anglais et on m'a invité pour faire un *book tour* aux États-Unis avec un séjour à New York. J'ai passé une semaine dans les archives du Yivo[20], où j'ai été très bien reçu. On m'a bombardé de documents sur le pogrom. Or, Kichinev n'est pas le pire des pogroms[21], mais c'est le premier qui ait été photographié, ce qui a même suscité les protestations de la communauté chinoise de New York face à la brutalité du tsar. C'est dire que l'événement a eu un retentissement mondial. Pour la suite de *Klezmer*, j'ai accumulé tout ce qui existe en français et en anglais – je ne lis pas l'hébreu – sur ces sujets. D'ailleurs, en ce moment, je travaille sur l'adaptation de *Klezmer* pour une série télévisée et je suis frappé par la connaissance dont nous disposons sur les juifs d'Europe orientale, qui sont un «monde disparu[22]».

P. S. *Entre vos premiers dessins publiés et ceux d'aujourd'hui, on constate un «lâcher-prise» ?*

J. S. Il faut se remettre dans le contexte des années 1980. À l'époque, la bande dessinée était mal vue, et plus on s'approchait de l'art contemporain, plus elle était ostracisée. Ce qui fait que, lors de mes études aux Beaux-Arts de Paris, je me suis réfugié en morphologie parce que, dans les autres ateliers, la BD était honnie. À ses débuts, mon dessin n'était pas académique mais très morphologique et très centré sur une représentation fidèle du réel. Depuis, je cours après la justesse. Mes maîtres, ce sont Cabu, Toulouse-Lautrec, Rembrandt... c'est-à-dire des artistes qui réussissent à attraper une attitude avec la justesse du romancier quand il parvient à décrire correctement la chose. C'est un travail dialectique entre l'observation et l'imaginaire, entre la construction et le lâchage. C'est un dessin composé sans croquis. Je dessinais beaucoup mieux au début puisque j'éprouvais le besoin de «bien dessiner». Aujourd'hui, j'ai besoin de raconter correctement, donc, je m'accroche à d'autres choses. Le carnet dans lequel je dessine quotidiennement me permet de vivifier ma proposition de bandes dessinées, qui est plus construite, comme dans *Le Chat du rabbin*. Cela me permet d'avoir un dessin qui ne s'endort pas.

P. S. *Marcel Gotlib ou René Goscinny ont été discrets sur leur judéité, même si elle transparaît parfois.*

J. S. Je n'appartiens pas à la même génération : Gotlib ou Goscinny avaient un rêve d'émancipation. Moi, j'ai toujours fait des trucs sur les juifs. Dans *Paris-Londres*[23], ma première BD, les trois personnages se nomment les «*cabbalisteros*[24]» ; mon livre suivant est *Le Petit Monde du Golem*[25]. Ma motivation, c'était d'échapper à un judaïsme familial étouffant. En outre, Sandrina Jardel, ma première femme, avec laquelle j'ai vécu vingt-cinq ans, n'est pas juive, et pendant douze ans mon père a fait comme si elle n'existait pas. Puisque je n'avais pas l'intention de la quitter tout en étant attaché au judaïsme, je me suis inventé mon judaïsme dans mon coin. Je rassemblais des choses juives pour mon usage personnel. De la même manière qu'Albert Cohen a essayé de se forger une France supportable en s'enfermant pour lire les classiques. Moi, je me suis fabriqué un judaïsme qui ne soit pas hostile à ma femme et à mon incroyance.

P. S. *Dans les remarques du personnage de Socrate, dans* Héraclès[26], *ou dans les discussions du chat avec le rabbin, on retrouve des références à la philosophie classique.*

J. S. C'est l'envie d'être le juif parmi des philosophes et le philosophe parmi des juifs... Ce sont deux modes de pensée auxquels je suis attaché : la pensée dialectique de la Grèce et la pensée juive, le dialogue entre Athènes et Jérusalem...

P. S. *On a l'impression que plus vous avancez et plus le judaïsme, au sens culturel, prend une place croissante dans votre activité.*

J. S. J'ai besoin de mettre sur tout cela mes propres mots, pas ceux de mon père. Ce rapprochement avec le judaïsme est concomitant de mes envies d'autobiographie, de raconter le réel, de montrer le vrai monde. Mais il est possible que je donne un coup de talon au sol et que je reparte vers Merlin l'enchanteur.

20 Yivo (acronyme de Yidisher Visnshaftlekher Institut): institut scientifique yiddish fondé à Wilno (actuelle Vilnius) en 1925 et transféré à New York en 1940.

21 Le premier pogrom de Kichinev (actuelle Chișinău, capitale de la Moldavie), les 6 et 7 avril 1903, fit 47 tués, 92 blessés graves, 500 blessés légers, ainsi que 700 maisons et boutiques pillées et détruites. Le second, les 19 et 20 octobre 1905, se heurta aux ligues juives d'autodéfense mises en place après le premier pogrom, qui réussirent à arrêter certaines des violences. À la fin des émeutes, on comptabilisait 19 juifs tués et 56 autres blessés.

22 Voir Raphael Abramovitch, *Di Farshvundene Velt – The Vanished World*, New York, The Forward, 1947. Le photographe Roman Vishniac reprendra le titre en modifiant l'article initial dans *A Vanished World*, New York, Farrar, Strauss & Giroux, 1983 ; éd. française : *Un monde disparu*, Paris, Seuil, 1984.

23 Paris, Dargaud, 1998.

24 Nom formé à partir du substantif «kabbale», renvoyant à la tradition ésotérique juive.

25 Paris, L'Association, 1998.

26 *Socrate le demi-chien*, t. 1 : *Héraclès*, scénario de Joann Sfar, dessin de Christophe Blain, Paris, Dargaud, 2002.

JOANN SFAR. LA VIE DESSINÉE

Clémentine Deroudille et Thomas Ragon

Joann Sfar décline sa créativité depuis trente ans dans la bande dessinée, le cinéma et la littérature. Artiste prolifique, il trouve dans le dessin plus qu'un refuge, une façon de vivre et de voir le monde, jusqu'à créer un univers unique – une «vie dessinée». Travailleur acharné, il fait du dessin une «science humaine», explorant les thèmes de l'enfance, du corps et de la sexualité, de l'amitié, de la joie ou de la mort. Au travers de ses créations les plus emblématiques – de ses carnets personnels à la série *Klezmer*, des livres pour la jeunesse aux planches érotiques sur le peintre Pascin –, avec *Le Chat du rabbin* en son centre, l'exposition met en lumière la cohérence de l'œuvre et le goût du récit d'un artiste qui a mis une voix juive, culturelle plus que religieuse, au cœur de toutes ses histoires, puisant dans le judaïsme nombre de ses sources d'inspiration et appelant ses lecteurs à la vigilance contre la montée de l'antisémitisme.

Joann Sfar, illustration pour l'affiche de l'exposition « Joann Sfar. La vie dessinée » au mahJ, 2023, encre de Chine et aquarelle sur papier, 32 × 24 cm

UNE ENFANCE
À NICE

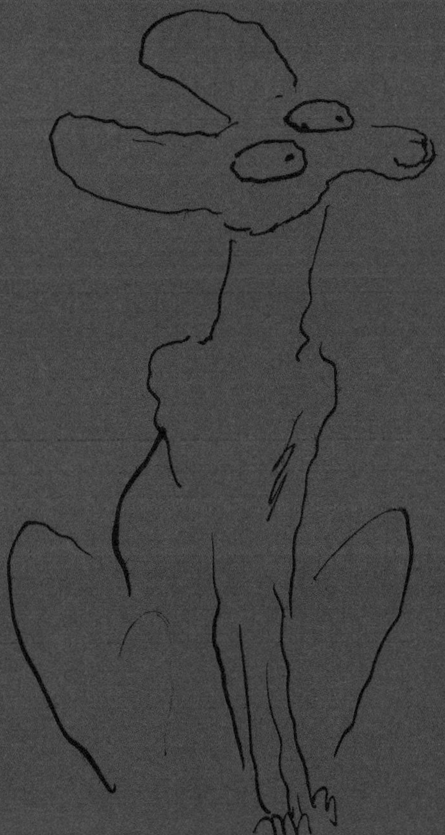

Joann Sfar naît à Nice en 1971 dans une famille juive originaire d'Europe orientale par sa mère et du Maghreb par son père. Liliane Haftel, surnommée Lilou, chanteuse mariée à l'avocat André Sfar, décède en 1975 à l'âge de vingt-six ans. Le jeune Joann se réfugie dès lors dans le dessin. Au lycée Masséna, où il entre en 1986, Joseph Kessel et Romain Gary l'ont précédé : hommes engagés, ces deux illustres écrivains deviennent des maîtres d'écriture et des modèles de vie.

Joann grandit entre deux fortes figures masculines : son grand-père maternel et son père. Arthur Haftel, né à Bolechov en Pologne (aujourd'hui en Ukraine), rejoint la France au début des années 1930. Il achève ses études de médecine à Nancy, épouse Célia Fuhrman et s'installe à Metz. Dès 1939, il s'engage comme volontaire dans l'armée française, puis rejoint la Résistance avec son épouse. La famille Haftel restée en Pologne disparaîtra dans la Shoah. Liliane naît à Metz en 1949. Fils d'un commerçant de Sétif, André Sfar grandit en Algérie dans une famille très modeste avant d'arriver en France en 1957. Dans les années 1970, il acquiert une grande notoriété comme avocat à Nice, notamment en faisant condamner des néonazis.

Joann Sfar relate cette enfance niçoise dans *La Synagogue*, publiée en 2022, son œuvre la plus intime. Il y met en scène son adolescence et son expérience de gardien de synagogue pendant les offices, une manière pour lui d'échapper au rituel religieux qui l'ennuie. Le deuxième volume, *Les Idolâtres*, à paraître en janvier 2024, poursuit le récit familial en se concentrant sur l'absente-présente, sa mère.

Mon père voulait que j'épouse une juive pour combattre Hitler. Je n'ai pas voulu. On ne fait pas des gosses pour sauver un peuple. L'idée même de peuple juif m'a toujours semblé étrange. Je connais le monde d'Algérie, où les arabes, les berbères et les juifs ont la même gueule. Je me souviens du monde yiddish qui n'existe plus et tous les centres culturels du monde n'y pourront rien. Et mon grand-père maternel ressemblait plus à un polonais qu'à un séfarade. Donc, amis juifs, ne tenez pas votre queue en laisse, vous ne sauverez personne à coup de bite. Ce qui est perdu est perdu. Quant à la manière de porter le deuil, celle de Gainsbourg me convient.

Joann Sfar, carnet de dessin partiellement reproduit dans *Caravan*, 2004, encre de Chine, crayon et aquarelle sur papier, 21,5 × 15 cm

DU *CHAT DU RABBIN* À *LA SYNAGOGUE*

—

Corinne Bensimon

Dîner de *shabbat*, vu en plongée, de loin. Ils sont là, tous les trois, autour de la grande table dressée dans l'appartement niçois de la grand-mère, calée dans son fauteuil. Debout, le père du petit Joann fait la prière et l'enfant se regarde, comme «chaque vendredi pendant toute [son] enfance[1]», dans le miroir immense qu'éclairent les lumières vacillantes des deux bougies rituelles. Voix du narrateur: «Je m'efforce d'écrire cette histoire sur mes seuls souvenirs, qui sont vivaces[2].» Surgie au détour de *La Synagogue*, premier volume de l'autobiographie dessinée de Joann Sfar, cette scène coupe net la narration en pleine montée des périls, alors que le père avocat qui vient d'envoyer un néonazi en prison reçoit de petits cercueils en réponse et que flambe l'antisémitisme en France attisé par les thèses négationnistes de Robert Faurisson.

Une table juive, trois générations autour d'une absente-présente (la mère de Sfar est morte un jour de *shabbat*), un miroir qui reflète la vie en images tremblées... Voilà réunies en l'espace d'une incise et d'un huis clos, les interrogations les plus tenaces de Sfar: sur le judaïsme, la spiritualité et la loi; sur la famille, la transmission. «Je ne veux pas faire le portrait du monde, c'est trop, nous dit-il, mais un portrait d'une humanité, ou d'une question sur laquelle je n'ai pas de certitudes[3].» Ainsi, du *Chat du rabbin* à *La Synagogue*, Sfar, formidable fabulateur, joue du conte et des faits. Historiques, mémoriels.

Quittant l'Algérie coloniale du *Chat du rabbin* – un pays fantasmé d'après les récits familiaux et ses lectures –, Sfar enjambe la Méditerranée et le temps pour une plongée dans son propre passé. Dans *La Synagogue*, les petites histoires, les siennes, celles de sa famille et de ses amis, croisent la grande histoire, celle de l'antisémitisme des années 1980 et après. C'est lui enfant puis jeune homme, la ville de Nice avec sa communauté juive venue principalement d'Algérie, la montée de la terreur – d'extrême droite et d'extrême gauche. Récit de sa jeunesse autant que de sa genèse d'artiste, *La Synagogue* se lit aussi comme l'album source du *Chat du rabbin*, livrant nombre de ses clés.

«Quand j'avais trois ans, ma mère est morte, et pendant deux ans, on m'a dit qu'elle était partie en voyage. Quand on te cache la vérité, on te prive de la parole. Et quand tu ne parles pas, tu es l'animal. Du moment où on te parle, tu parles, et alors les gens sont surpris. C'est ça, le sujet du *Chat*[4].» C'est merveilleux et vrai comme les souvenirs de sa grand-mère d'Algérie, Esther Malka, auxquels Sfar s'abreuve pour créer Zlabya et tout l'univers du *Chat*, y compris l'extravagant Malka: un aïeul, nous assure-t-il, qui fut «cantor à la synagogue, dompteur de lion, et qui a giflé le maire antijuif d'Oran». Certes, la mémoire de la grand-mère née en 1900 à Sidi Bel Abbès a des trous. Alors, Sfar précise: «Je comble les vides», lesquels deviennent pleins de vies.

Des juifs qui parlent arabe, d'autres français, un rabbin talmudiste, un vieux kabbaliste, un imam tolérant, un autre sectaire, un

1 Joann Sfar, *La Synagogue*, Paris, Dargaud, 2022, p. 43.
2 *Idem.*
3 Entretien avec Joann Sfar, 23 février 2023.
4 *Idem.*

curé sympathique, des cafetiers racistes… Ce monde en tension dans une société coloniale bouscule les traditions et la modernité y ouvre des horizons rocambolesques. On se démène et on discute beaucoup. De Dieu, de l'amour, de la liberté, de la jalousie, du nationalisme même. «J'ai conçu le *Chat* alors que ma grand-mère venait de mourir, que naissait mon premier enfant, que les tours jumelles s'effondraient et qu'on nous annonçait une guerre des civilisations. J'ai voulu réenchanter le Maghreb et transmettre à ma fille quelque chose de cette mémoire d'Algérie[5].»

C'était en 2001. Vingt ans plus tard, avec *La Synagogue*, Sfar réfléchit son adolescence niçoise dans le miroir tremblé de sa mémoire, au plus près de l'histoire. «C'est une bande dessinée. Écrite par quelqu'un qui tente de ne raconter que des choses vraies[6].» En commençant par le récit de son covid sévère qui l'envoie en réanimation où un médecin lui dit: «Il faut vous battre, Monsieur[7].» Abracadabra, Joseph Kessel surgit d'un podcast de France Culture et vient avec son lion au chevet de Sfar parler de combats. Et c'est parti pour le débobinage d'un passé tenu par un fil rouge: la lutte contre les haineux, racistes, antisémites. Celle de son père qui, étudiant en droit à Alger, résiste à l'intimidation de types qui l'ont rossé pour avoir soutenu l'indépendantiste Ferhat Abbas. Avocat à Nice, il obtient la dissolution d'une faction néonazie. Ce sont les années 1980, sombres. Le terrorisme propalestinien vise des cibles juives, l'extrême droite attaque des immigrés et acclame le négationnisme. L'adolescent Sfar s'enrôle dans la sécurité de la synagogue de Nice, s'entraîne au kung fu et au krav-maga, une méthode d'autodéfense, et attend l'assaillant, en vain. La haine, il la voit ailleurs, dans la meute de petits bourgeois qui acclament Jean-Marie Le Pen, reçu à Nice par le maire Jacques Médecin.

Morale de *La Synagogue*, qui n'est pas une fable comme l'atteste la revue de presse des événements marquants de ces années d'adolescence, ainsi annotée à la fin de l'album: «Ce livre n'a de sens que par son pessimisme [...]. Je suis vraiment certain que face aux vagues de rage on ne peut rien faire. C'est pas pour ça qu'on va fermer sa gueule[8].»

5 *Idem.*
6 Joann Sfar, *La Synagogue*, *op. cit.*, p. 90.
7 *Ibid.*, p. 7.
8 *Ibid.*, p. 202.

ALBERT COHEN, ROMAIN GARY, JOSEPH KESSEL : DES PÈRES EN JUDÉITÉ PARADOXALE

—

Maxime Decout

Albert Cohen, Romain Gary, Joseph Kessel – ces trois noms constituent pour Joann Sfar des modèles d'écriture, mais aussi des exemples dans leur rapport à la judéité, au judaïsme et au monde. Sfar retrouve chez ces auteurs une judéité exhibée avec ostentation, très loin des judéités de contrebande de Franz Kafka, Georges Perec ou Patrick Modiano. Chez lui, cette identité, toujours plurielle, est traversée de contradictions et de paradoxes, emblématisés entre autres par le chat du rabbin, qui voudrait devenir juif et faire sa *bar-mitsva* non par conviction religieuse mais simplement pour épouser la fille de son maître.

La judéité dans l'œuvre de Sfar est cependant rarement vécue sur le mode du déchirement ou de la tragédie, comme pour Solal chez Cohen. Cette identité situe certes les personnages à contre-courant des autres mais en engendrant des situations cocasses. Un jeu incessant avec le judaïsme dynamise les œuvres: le chat du rabbin semble avoir autant de problèmes pour l'observance des principes religieux, et en particulier la *kasherout*, que le vampire en a pour boire le sang de ses victimes dans *Le Dernier Juif d'Europe* et que les Valeureux de Cohen – en particulier Mangeclous, pour qui «le jambon est la partie juive du porc[1]».

L'œuvre de Sfar tire une grande partie de sa force de ses personnages étranges et marginaux, comme l'est M. Cousin chez Émile Ajar. C'est certainement dans *Le Dernier Juif d'Europe* que cette parenté est la plus flagrante. Ce roman narre l'histoire d'un vampire juif ukrainien, violoniste mort au combat en 1917, qui, tel le *dibbouk* qu'incarne Gengis Cohn chez Gary, réapparaît de nos jours. Cette judéité est d'ailleurs parfois associée à un désir de devenir autre et de changer de peau, comme elle l'est aussi pour certains protagonistes de Gary. Dans *Le Dernier Juif d'Europe*, elle trouve une résonance étonnante dans la question du changement de sexe, ainsi que dans la hantise de la disparition des juifs. Le père de Désiré Abergel souhaite se faire remettre le prépuce, ce qui conduirait son fils à devenir le dernier juif parmi les siens. Cette situation reproduit à l'échelle d'une famille le drame de toute une génération où les juifs pourraient à nouveau disparaître.

Ce qui soutient ce rapport transgressif à l'identité est, comme chez Cohen et Gary, la radicalité comique de Sfar, son sens du *Witz*[2], qui rappelle la grande tradition de l'humour juif d'Europe centrale. L'auteur multiplie les formules en coup de fouet pour désamorcer le réel par l'ironie et l'autodérision. Comme chez Gary et Cohen, son humour joue sur les stéréotypes au fondement de toutes les haines de l'autre. À Gary qui écrit dans *Chien blanc* que «les Noirs ont besoin des

1 Albert Cohen, *Les Valeureux*, Paris, Gallimard, coll. «Folio», 1986 [1969], p. 253.

2 Le *Witz*, dont la traduction par «mot d'esprit» est loin de rendre toutes les résonances, désigne autant le mot d'esprit que la capacité d'en faire.

juifs comme tout le monde[3]» (afin d'entretenir leur détestation d'autrui), Sfar répond dans *Le Dernier Juif d'Europe* qu'«ils sont curieux, les Corses, ils ne détestent jamais les juifs. Ils ont d'autres démons sans doute, mais pas celui-là[4]». Gary peut aussi faire dire à un personnage des *Cerfs-Volants*: «Je viens de lire le résultat d'un concours organisé par un journal pour savoir ce qu'il faut faire des juifs. Le premier prix est allé à une jeune femme qui avait répondu: "Les rôtir." C'est sans doute une brave cuisinière qui, en ces temps de privations, rêve d'un bon rôti. De toute façon, il ne faut pas juger un pays par ce qu'il fait de ses juifs: de tout temps, on a jugé les juifs par ce qu'on leur faisait[5].»

Désiré Abergel, quant à lui, évoque dans *Le Dernier Juif d'Europe* «une dame qui vit au rez-de-chaussée et qui a dû avoir une vie malheureuse car elle ne loupe jamais une occasion de traiter maman de "youp"[6]».

N'hésitant pas à recourir au burlesque ou à la satire, cet humour repose le plus souvent sur des paradoxes qui dynamitent les évidences et les préjugés, sur des courts-circuits du langage ordinaire où l'auteur prend les mots et les expressions toutes faites au pied de la lettre afin de souligner l'absurdité du prêt-à-penser. La langue de ses personnages se singularise par ses écarts face à la norme du français standard, face au bien-dire et au bien-écrire. C'est ainsi que Sfar met en avant une parole incarnée et vivante, pétrie d'affects, à l'instar de celle de Momo ou de Cousin, les narrateurs d'Ajar. Cette faculté d'étonnement devant le monde ébranle nos certitudes et nos habitudes. Elle est au fondement de la dimension philosophique des pensées du chat du rabbin qui, en digne successeur des Valeureux de Cohen et des Persans de Montesquieu, découvre le judaïsme d'un œil neuf pour mettre à nu ses contradictions et l'arbitraire de certaines de ses règles.

En dernière instance, c'est aussi par la portée éminemment politique de cette judéité que Sfar prolonge le geste d'écriture de ses trois pères en judéité paradoxale. Comme Cohen, Gary ou Kessel, il entretient une relation intense avec la judéité qui passe avant tout par l'histoire. De l'antisémitisme de sa jeunesse peint dans *La Synagogue* à ses formes les plus récentes décrites dans *Le Dernier Juif d'Europe*, Sfar est sans cesse confronté à une série d'événements qui confirment en lui le sentiment d'être juif et l'urgence à réentreprendre, à chaque génération, une nécessaire éducation à la tolérance.

3 Romain Gary, *Chien blanc*, Paris, Gallimard, coll. «Folio», 2022 [1970], p. 75.
4 Joann Sfar, *Le Dernier Juif d'Europe*, Paris, Albin Michel, p. 9.
5 Romain Gary, *Romans et récits*, vol. II, Paris, Gallimard, coll. «Bibliothèque de la Pléiade», 2019, p. 1312.
6 Joann Sfar, *Le Dernier Juif d'Europe*, *op. cit.*, p. 11.

Joann Sfar, carnet de dessin partiellement reproduit dans Romain Gary, *La Promesse de l'aube*, 2013, encre de Chine sur papier, 30,4 × 21,7 cm

«Ce qui me tient beaucoup à cœur, c'est d'être un auteur juif. Qu'est-ce que ça veut dire à mes yeux ? Ça veut dire que la voix juive, c'est une des voix de la polyphonie du monde au même titre que Pessoa est un auteur portugais. Ce n'est pas une nation, le judaïsme, c'est une voix. Et en littérature, cela veut dire quelque chose. Je crois qu'il y a un cousinage entre que ce soit Bashevis Singer, que ce soit Philip Roth, que ce soit Romain Gary, que ce soit Joseph Kessel, j'entends quelque chose qui se continue. Hugo Pratt [...] disait : "on oubliera tous les artistes et tous les auteurs mais il y a une chaîne continue entre eux qui mérite d'être poursuivie". Donc, de manière très consciente, j'ai toujours cherché à être un auteur juif. Et pour moi, il n'y a pas plus français, plus européen qu'un auteur juif.»

«Joann Sfar et l'art du combat, 2/2», *Talmudiques*, émission de Marc-Alain Ouaknin et Françoise-Anne Ménager, France Culture, 2 octobre 2022

Joann Sfar (scénario et dessin), *La Synagogue*, 2022, encre de Chine sur papier, 32 × 24 cm

Joann Sfar (scénario et dessin), *La Synagogue*, 2022, encre de Chine sur papier, 32 × 24 cm

«J'ai eu le malheur d'avoir un père qui à mes yeux était un héros, d'être dans le même lycée que Joseph Kessel et Romain Gary. Évidemment que je ne suis pas au niveau. La seule chose qu'il me reste, c'est de raconter des petites histoires sur eux et d'essayer de témoigner d'une histoire juive qui n'est pas l'histoire de la Shoah, qui est l'histoire de mon père qui était presque désolé de ne pas avoir pu combattre Hitler.»

«Joann Sfar et l'art du combat, 1/2», *Talmudiques*, France Culture, 25 septembre 2022

Joann Sfar (scénario et dessin), Brigitte Findakly (couleurs), *La Synagogue*, 2022

 Joann Sfar, carnet de dessin partiellement reproduit dans *Les enfants ne se laissaient pas faire*, 2022, encre de Chine et crayon sur papier, 21,5 × 15 cm

Joann Sfar (scénario et dessin), *Les Idolâtres*, détail de la pl. 31, 2023, encre de Chine sur papier, 32 × 24 cm

Joann Sfar (scénario et dessin), *Les Idolâtres*, 2023, encre de Chine sur papier, 32 × 24 cm

Joann Sfar (scénario et dessin), *Les Idolâtres*, 2023, encre de Chine sur papier, 32 × 24 cm

Joann Sfar, carnet de dessin partiellement reproduit dans *Les enfants ne se laissaient pas faire*, 2022, encre de Chine et crayon sur papier, 21,5 × 15 cm

LA BANDE, LES BEAUX-ARTS

Après avoir obtenu son baccalauréat en 1989, Joann Sfar entreprend des études de philosophie à l'université de Nice. Les enseignements de Clément Rosset[1], Jean-François Mattéi, spécialiste de Platon, et Daniel Charles, musicologue et spécialiste de philosophie orientale, le marqueront. Alors qu'il est en licence de philosophie, il s'inscrit à l'École des beaux-arts de Paris, où il intègre l'atelier de Pierre Carron et suit les cours de morphologie de Jean-François Debord.

En 1993, il franchit la porte de l'atelier Nawak, 44, rue Quincampoix à Paris. Il y rencontre David B., Lewis Trondheim, Brigitte Findakly, Émile Bravo, Tronchet, Frédéric Boilet, Jean-Christophe Menu, Jean-Pierre Duffour et Thierry Robin. Christophe Blain arrive au même moment et Emmanuel Guibert peu après. Dans ce simple espace de travail commun ouvert en 1991 se croisent durant quatre ans tous les futurs grands noms de la bande dessinée. Sfar se nourrit de leur expérience et de l'émulation de l'atelier. En 1994, il voit sa première bande dessinée, *Noyé le poisson*, paraître à L'Association.

En 1995, l'atelier Nawak déménage place des Vosges et devient jusqu'en 2001 l'atelier des Vosges. Marjane Satrapi et Marc Boutavant rejoignent le groupe.

Ces ateliers seront le creuset d'une génération exceptionnelle, lieux de rencontres déterminantes et de collaborations fécondes. En 1998, Sfar entreprend avec Lewis Trondheim la publication de *Donjon*, une saga d'*heroic fantasy* aux nombreuses ramifications, inspirée par les jeux de rôles *RuneQuest* et *Donjons et Dragons*. Ils associeront d'autres dessinateurs, issus de tous les horizons de la bande dessinée, parmi lesquels des membres de l'atelier, pour développer la série.

1 Auteur de : *Le Réel et son double : essai sur l'illusion*, Paris, Gallimard, 1976.

Joann Sfar, carnet de dessin partiellement reproduit dans *On s'en fout quand on est mort*, 2021, encre de Chine et crayon sur papier, 21,5 × 15 cm

LE CACA EN CAOUTCHOUC

—

Emmanuel Guibert

À peine avais-je rencontré Joann, il y a trente ans, que j'ai eu cette certitude : on me demanderait un jour de témoigner sur lui et sur nos années d'atelier. L'heure a sonné. N'ayant eu que trente ans pour me préparer, je suis pris de court. Essayons de nous en tirer avec une petite histoire.

Nous avions à l'atelier des Vosges un caca en caoutchouc, ce genre de talisman qu'on vend dans les débits de farces et attrapes. Il vivait sa vie végétative, alangui sur une table, un fauteuil ou par terre, devant la vieille porte aux ferronneries Louis XIII. On l'empoignait à tout propos, sans façon, pour se masser l'occiput ou jongler distraitement pendant un coup de téléphone.

Voici qu'un jour, il fut décidé d'une virée à la piscine et l'un d'entre nous eut l'impulsion d'emporter le caca. Il n'est pas dit qu'il y ait eu préméditation de ce qui allait advenir. C'était peut-être, au départ, un simple geste de sollicitude envers un objet qui ne prenait pas souvent l'air. Toujours est-il qu'arrivée dans l'établissement de bains, la main qui avait glissé le caca dans son sac l'en a extrait, l'a introduit en catimini dans la cabine qu'occupait Joann et l'a fourré sous le petit banc à claire-voie sur lequel on s'assoit pour enfiler ses chaussettes. Je dois préciser que cette même main avait d'abord masqué des conciliabules de bouche à oreille, dont Joann était exclu, au terme desquels une stratégie fut arrêtée : quelqu'un retiendrait Joann en dehors de sa cabine le temps de perpétrer le forfait, puis, pour parer à l'éventualité qu'il négligeât le caca sous le banc, on devait se succéder devant sa porte en échangeant à voix insistante des « Mais d'où vient donc cette odeur ? ».

Ainsi fut fait, pour un résultat qui dépassa toutes les espérances. Joann vit le caca, ne le reconnut pas (les effets du dépaysement) mais comprit *illico* le parti qu'il pourrait tirer d'une telle aubaine. Il jaillit de sa cabine comme Sorano dans *Cyrano* – si vous n'avez jamais vu le prodigieux Daniel Sorano dans *Cyrano*, tapez Sorano/Cyrano sur vos claviers – et alpagua le premier garçon de bain pour le mettre face à son impéritie. Quand on passe un savon dans une piscine, ça mousse abondamment. La scène eut tôt fait de mobiliser tout le vestiaire. Il serait vain, tant d'années après, d'essayer d'en dresser procès-verbal. Seule une prise de vue et de son d'époque à quatre caméras rendrait justice au festival de rhétorique offert ce jour-là par Joann aux baigneurs, aux baigneuses, aux employés municipaux et à ses sournois compères. J'ai donné une version de l'incident dans le premier volume de la série *Ariol*, en mettant en scène, à notre place, des enfants de neuf ans. Je nous ai passablement vieillis. Pendant nos années d'atelier, nous plafonnions à cinq ans – et c'est ce qui faisait toute notre ivresse.

Joann, bien sûr, n'a pas dénoncé la présence d'un caca sous son banc, comme aurait fait le premier soudard venu, mais a baptisé l'objet du délit, non sans gourmandise, un «excrément humain», ce qui vous avait tout de même une autre gueule. Le garçon de bain est allé mollement chercher une pelle pour collecter l'objet du délit. Il eut tôt fait de débusquer l'anguille sous roche. Quand Joann comprit qu'il avait été joué, il eut un de ses fameux fous rires de jeune mariée qu'on chatouille. Toute notre bande regagna l'atelier avec un nouvel épisode folklorique à son actif et le cher petit caca, ravi de sa sortie.

Voilà. Pardon de l'indigence de cette anecdote de classe maternelle interprétée par des bidasses. Que dire d'autre? Que Joann, à vingt-quatre ans, était un prodige sans âge qui concentrait tout le tragique séfarade, tout le comique ashkénaze (ou l'inverse) dans le corps et l'esprit d'un philosophe libertin des Lumières? Qu'il était fraternel comme Diderot, pétulant comme Voltaire, écorché comme Rousseau, érotomane comme Restif et vache comme Fougeret de Montbron? Qu'il faisait comprendre, par l'exemple de son inépuisable fertilité, qu'Alexandre Dumas ait pu être de ce monde? Que c'était inespéré de profiter de cette manne en collaborant avec lui? Certes, je pourrais affirmer tout cela sous serment devant une cour de justice. Mais que vaudraient tous ces traits si Joann n'avait été, avec Christophe Blain, dont je ne peux le dissocier, un des hommes au monde avec lequel j'aurai le plus rigolé? Quelle infinie reconnaissance du ventre on a pour ceux qui nous font marrer au-delà de toute décence et ont l'indulgence de rire de nos propres calembredaines! Et quelle poignante nostalgie de l'ère bénie et bien lointaine des cacas en caoutchouc...

«[…] quand je dessine, même si je suis seul dans mon bureau, il me faut l'atelier des Vosges sur les épaules. Je m'imite tous les amis et leurs conseils. J'ai l'impression qu'on est toute une compagnie à s'occuper de mon pinceau : Émile Bravo m'aide pour mes crayonnés, même si je ne fais plus de crayonnés. Lewis Trondheim se vante de terminer ses pages plus vite que moi. David B. vient m'offrir un livre : c'est un pudique celui-là, plutôt que des grandes déclarations d'amour, il choisit avec soin un livre qu'on va aimer, c'est sa façon de montrer que notre travail lui importe. Frédéric Boilet s'affaire dans une gigantesque chambre claire. Il s'y est dissimulé comme le marionnettiste de dos : hormis ses fesses, tout le corps est caché par le rideau du théâtre. Il a l'accent des Vosges, l'accent de l'atelier, et il nous éclaire sur les recoins les plus intimes de l'âme et de l'anatomie humaine. À bien y regarder, j'ai surtout un volumineux Christophe Blain en salopette qui me sautille sur l'épaule. D'un côté, Emmanuel Guibert qui me dit : "Pense à la lumière", de l'autre, Christophe Blain qui se fiche de moi et me répète sans arrêt : "C'est de la merde, c'est fadasse, mets des couleurs franches, fais des vrais choix."»

«Notes pour *Klezmer*, tome II, 21 février 2006», *Klezmer*, intégrale 2, Paris, Gallimard bande dessinée, 2022, p. 9

Lewis Trondheim (scénario et dessin), planche réalisée pour l'exposition « Joann Sfar. La vie dessinée », 2023, encre de Chine et aquarelle sur papier, 29 × 21 cm, collection Lewis Trondheim

DOUBLE PAGE PRÉCÉDENTE
Joann Sfar (scénario et dessin), Lewis Trondheim (scénario), *Donjon Crépuscule*, t. 101 : *Le Cimetière des dragons*, détail de la pl. 46, 1999, encre de Chine sur papier, 41 × 29,5 cm

Joann Sfar (scénario et dessin), *Donjon Zénith*, t. 1 : *Cœur de canard*, 1998, story-board pour la pl. 1, encre de Chine et crayon sur papier, 41 × 30 cm

Joann Sfar (scénario), Lewis Trondheim (scénario et dessin), *Donjon Zénith*, t. 1 : *Cœur de canard*, 1998, pl. 1, encre de Chine sur papier, 41 × 30 cm, collection Lewis Trondheim

Joann Sfar, carnet de dessin partiellement reproduit dans *Piano*, [2003], encre de Chine et crayon sur papier, 21,5 × 15 cm

Joann Sfar, *L'Atelier (de mes moires)*, fin des années 1990, encre de Chine sur papier, 29,5 × 21 cm

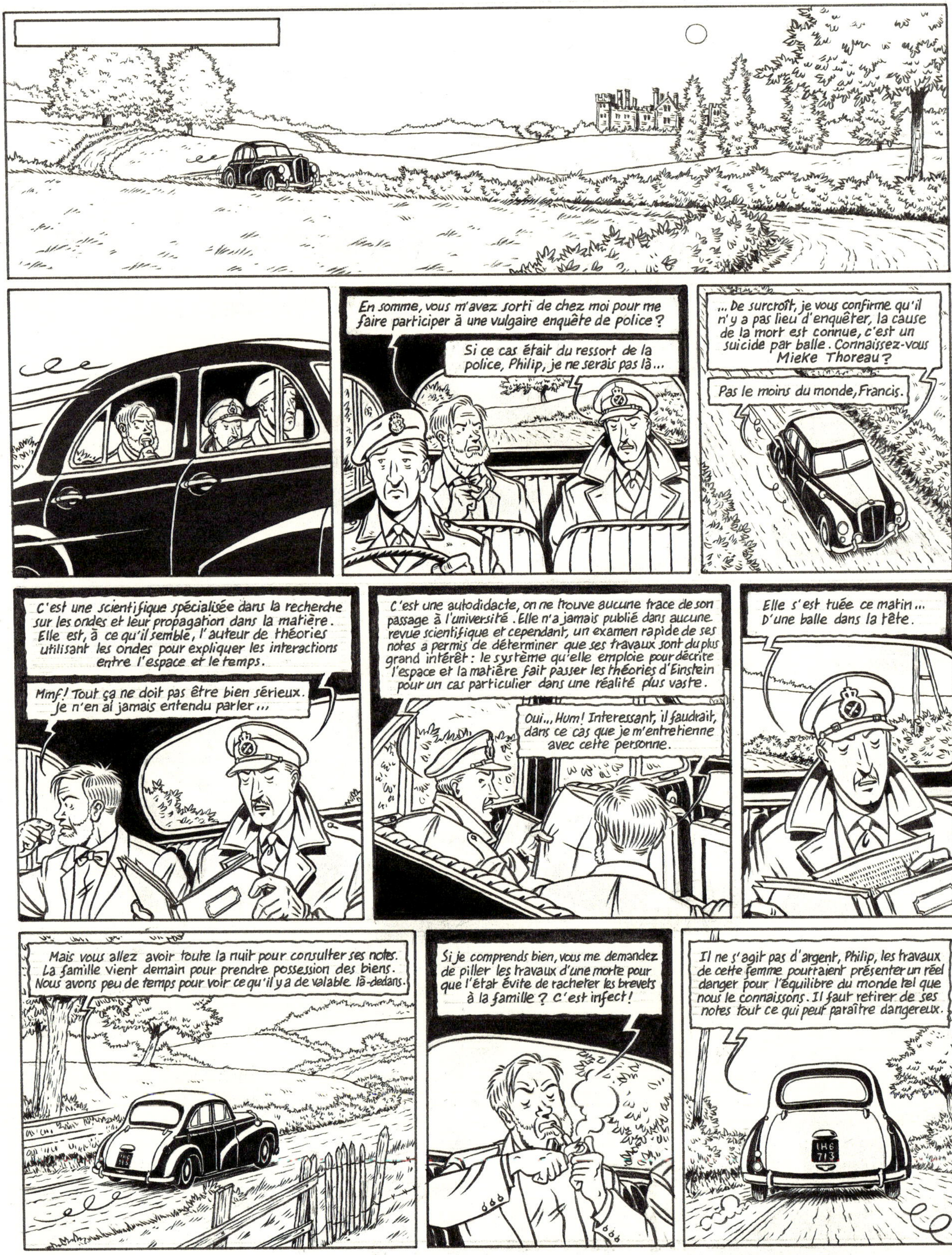

Joann Sfar (scénario), Émile Bravo (dessin), *Blake et Mortimer*, 2000, projet non publié, encre de Chine sur papier, 45 × 36,7 cm, collection Émile Bravo

Joann Sfar (scénario), Christophe Blain (dessin), *Socrate le demi-chien*, t. 2 : *Ulysse*, 2004,
pl. 23, encre de Chine sur papier, 40,2 × 29,7 cm, collection Christophe Blain

«J'ai eu la chance d'apprendre mon métier sous le regard bienveillant de grands raconteurs d'histoires : Pierre Dubois, Fred et Baudoin m'ont pris sous leur aile depuis l'adolescence. Je crois aussi qu'apprendre cette discipline aux côtés de compagnons comme Lewis Trondheim, Emmanuel Guibert, Christophe Blain, David B., Émile Bravo, Frédéric Boilet ou Marjane Satrapi m'a permis d'entretenir sur le sujet un dialogue précieux. J'ai aussi beaucoup répété aux gens qui me demandaient comment s'y prendre pour bien raconter que pour bien écrire il fallait vivre et lire beaucoup. Fred dit que raconter, c'est se jeter dans le vide face à une foule de spectateurs en priant qu'un trapèze apparaisse auquel on pourra s'accrocher. À ma façon, je redis la même idée en expliquant que le métier de scénariste revient au sacerdoce de l'invité qui se lève à la fin d'un repas, fait sonner sa cuiller contre le coin de son verre pour demander le silence et déclare: "Maintenant, je vais vous raconter une histoire."»

Les Carnets de Joann Sfar. Missionnaire, Paris, Delcourt, coll. «Shampooing», 2007, p. 178

Joann Sfar (scénario), Emmanuel Guibert (dessin), *La Fille du professeur*, 1997,
encre de Chine et encres de couleur sur papier, 32 × 24 cm, collection Emmanuel Guibert

VAMPIRES, MAGIE, FANTASTIQUE

Depuis tout petit, Joann Sfar dessine des monstres dans des histoires à la fois drôles et morbides, influencé par ses lectures de *comics*, notamment ceux de Jack Kirby ou Frank Frazetta, et des bandes dessinées de Fred, créateur de *Philémon*. Sa rencontre décisive avec Pierre Dubois lui ouvre le monde des fées et des lutins. Celui-ci lui fait aussi découvrir les auteurs de récits fantastiques Arthur Conan Doyle, Robert Louis Stevenson et Jean Ray.

En 1993, Sfar consacre *Le Complexe du Golem*, sa maîtrise en philosophie, à la représentation de la figure humaine par les peintres juifs (Chagall, Pascin, Soutine). Être artificiel animé à l'aide de rituels magiques, le Golem est l'une des légendes juives les plus célèbres et une figure majeure de la littérature fantastique. Dans les marges du texte de son mémoire, Sfar dessine des saynètes où quatre créatures – vampires, fantômes, loups-garous et golems – rencontrent Sigmund Freud, un rabbin et les peintres.

Dès 1994, il participe à la revue *Lapin*, publiée par L'Association. La figure du Golem y est présente, et l'on y découvre pour la première fois les personnages de Fernand le vampire, Humpty Dumpty ou Liou que l'on retrouvera dans *Grand Vampire* et dans *Le Bestiaire amoureux*. L'univers de Sfar se déplace de livre en livre avec une nébuleuse de personnages. Ainsi, les héros de *Petrus Barbygère*, qu'il dessine sur un scénario de Pierre Dubois, apparaissent également dans *Le Minuscule Mousquetaire*.

Dans ses histoires, le fantastique se nourrit de la réalité. Sfar met en présence des créatures imaginaires et des événements quotidiens. Il chronique la vie ordinaire des fantômes. Dans *Professeur Bell*, série publiée à partir de 1999, le docteur Joseph Bell, source d'inspiration de Conan Doyle pour le personnage de Sherlock Holmes, est un médecin, et non un détective, qui soigne les états d'âme des monstres.

Je sais pas si je me souviens de l'histoire avec exactitude. Ça me paraît tellement chouette que j'ai pas pu l'inventer. En tout cas, si c'est une reconstruction mentale, il faut qu'un docteur m'explique. Mais je ne crois pas. Je crois qu'il s'agissait d'un vrai projet de bandes dessinées. Et je suis vraiment surpris que Pierre Dubois et moi n'ayons pas trouvé d'éditeur.
Donc. Ça devait allier notre passion pour les légendes celtiques et pour la bière Guinness.
Pierre Dubois m'avait raconté le début de son histoire...

... Putain! C'est le meilleur début de film d'héroïc fantasy que j'ai jamais entendu.
Bizarrement, même pour une bande dessinée, je crois que personne n'en a voulu.

 Joann Sfar, carnet de dessin partiellement reproduit dans *Journal de merde*, [2013], encre de Chine, crayon et aquarelle sur papier, 32 × 24 cm

MELANCHOLIC FANTASY

—

Nicolas Tellop

L'œuvre de Joann Sfar, qui associe bande dessinée, littérature jeunesse et *heroic fantasy*, et ce dès ses premières publications, s'épanouit à l'écart des arts académiques. Mal considérés, voire méprisés, ces domaines offrent une liberté de ton, d'approche et d'expérimentation d'autant plus grande qu'ils comportent encore aujourd'hui des contours flous. Pour cette raison, ils échappent à la sclérose qui paralyse d'autres genres plus codifiés, enfermés dans une norme. Issue de la *fantasy*, à la croisée du merveilleux et du fantastique, l'*heroic fantasy* s'ancre dans un environnement médiéval, transfiguré par un imaginaire hérité de la littérature d'horreur ou de la science-fiction. Le terme apparaît en 1967 sous la plume de l'écrivain Lyon Sprague de Camp, dans sa préface au recueil de nouvelles *Conan* de Robert E. Howard chez Ace Books. Une expression voisine, « sword and sorcery » (« épée et sorcellerie »), avait été forgée en 1961 par Fritz Leiber, auteur du *Cycle des épées*. Ces récits d'un genre nouveau puisent leurs sources dans les épopées médiévales telles que *Beowulf* ou les romans de chevalerie comme ceux de *La Quête du Graal*. Les créatures monstrueuses, dragons et autres démons lovecraftiens[1], participent à l'édification d'un univers qui accorde une part importante aux fantasmes et aux pulsions.

En tant que scénariste, Sfar s'en montre très vite familier, d'abord avec la série *Les Potamoks* (1996-1997), aux côtés de José-Luis Munuera, puis avec les albums de *Troll* (1997-1999), auxquels collaborent, pour les trois premiers, Jean-David Morvan et Olivier Boiscommun. S'il abandonne ce dernier titre, c'est sans doute parce que, dans l'intervalle, il a créé avec son complice Lewis Trondheim les bases d'un univers qui synthétise des thèmes de l'*heroic fantasy* en même temps que leur parodie, mêlant ainsi avec beaucoup de finesse le drame et l'humour : la dantesque série *Donjon*, débutée en 1998 et toujours en cours. Le projet initial prévoyait trois cents albums ; les deux scénaristes sont parvenus à ce jour à en livrer cinquante-trois. La saga s'organise autour de plusieurs sous-séries, dont les plus importantes sont *Donjon Potron-Minet*, *Donjon Zénith* et *Donjon Crépuscule*. Inspirée des célèbres jeux de rôles *RuneQuest* et *Donjons et Dragons*, qui ont largement contribué à populariser l'*heroic fantasy*, cette épopée démontre une inventivité débridée que rien ne semble tarir.

Parallèlement, Sfar élabore une version très personnelle du genre, dont l'acte de naissance pourrait être *Le Petit Monde du Golem* en 1998, un univers où les détectives croisent, entre autres, des fantômes, des vampires, des fées, des gnomes, des arbres qui parlent – et, bien sûr, un golem. L'auteur fait de ce bestiaire fantastique la matière première d'une *commedia dell'arte* intime, petit théâtre sublimé de ses propres angoisses et fêlures. Dans le prolongement, la série *Petit Vampire* (1999-2005) met en scène Michel, un jeune orphelin, qui

1 Par référence à l'écrivain américain Howard Phillips Lovecraft (1890-1937).

ressemble à s'y méprendre à Sfar lui-même, œuvrant ainsi à exorciser sa tristesse. Car, au fondement de son imaginaire, il y a une perte, celle de la mère, trop tôt disparue, laissant derrière elle un petit garçon hanté par le deuil. L'*heroic fantasy* de l'auteur ne raconte rien d'autre, comme dans *L'Ancien Temps* (2009-2018), où une jeune femme, Nadège, veut quitter Cassian, avec lequel elle s'ennuie. Elle invente, encouragée par son renard de grand-père, quantité de mensonges qui évoquent les archétypes des récits de quête: retrouver ses parents, découvrir des objets magiques, restaurer les anciens dieux... Mais ces mensonges possèdent une part de vérité: cette femme qui est partie et qui dissimule sa fuite derrière un écran de légendes et de récits fondateurs, n'est-ce pas, d'une certaine façon, la mère de Sfar? Toutes les quêtes initiées dans ses récits ne ramènent-elles pas ainsi à celle de l'auteur depuis son enfance?

Dans l'autobiographique *Synagogue* (2022), Sfar raconte qu'un professeur d'arts martiaux, Edmond Ardissone, lui a expliqué que, dans *Le Seigneur des Anneaux* de J.R.R. Tolkien, tout était vrai: «Si tout ne vient pas du vrai monde, d'où est-ce que tu veux que ça vienne[2]?» Il découvre alors le concept de «fauthentique», qui veut que l'imaginaire parvienne à faire émerger la part de vrai que le réalisme échoue à atteindre. Les voyages initiatiques des personnages de Sfar ont beau relever de la pure fiction, ils n'en sont pas moins inscrits dans un sentiment vrai.

Les archétypes de l'*heroic fantasy* ont été largement théorisés par le mythologue Joseph Campbell dans son essai *Le Héros aux mille et un visages* (1949), livre qui influença George Lucas pour sa saga cinématographique *Star Wars*. Chez l'auteur de *Petit Vampire*, les héros n'ont, quant à eux, jamais qu'un visage: celui de cet enfant blessé qui s'appelle Joann.

2 «Joann Sfar, l'abécédaire d'animal à zigzag», *Les Cahiers de la BD*, nº 20, octobre-décembre 2022, p. 73.

LA MÉNAGERIE FANTASTIQUE DE JOANN SFAR

—

Ada Ackerman

«À ta fantaisie, tu ne mettras point de limites» – tel pourrait être le commandement de Joann Sfar. D'album en album, de livre en livre, sans oublier le cinéma, Sfar déploie un univers peuplé de monstres, chimères, créatures fantastiques, qu'il démultiplie au gré de son imagination. Rien n'est impossible, trop loufoque, trop impertinent pour sa plume: «Dès que je me dis: "ça, je ne peux absolument pas le mettre dans un livre", alors je sais que c'est justement mon sujet[1].» Avec audace, humour et un brin de provocation, l'artiste convoque dans son œuvre un bestiaire des plus hybrides, au sein duquel se côtoient vampires, mandragores, esprits maléfiques, fantômes, sirènes, chats doués de parole, zombies, *dibbouks*, sans oublier les créatures inventées de toutes pièces: oiseaux shamans narcomanes, poissons panés ressuscités ou lapine psychopathe, pour ne citer qu'eux!

Au-delà du plaisir démiurgique inhérent à la création d'êtres imaginaires, il s'agit pour Sfar de brouiller les frontières entre le normal et le pathologique: chez lui, personne n'est aussi humain que le monstre aspirant avant tout à l'amour, à l'amitié, à échapper à l'ennui. Ainsi de Petit Vampire, dont le rêve ultime est d'aller à l'école, comme tous les autres enfants, ou de Fernand le vampire, qui recherche l'âme sœur. Sfar rend les monstres attachants en nous plongeant dans leurs états d'âme et dans leur quotidien, dont celui de la famille de Petit Vampire. À l'inverse, l'humain est bien souvent l'être le plus prompt à la monstruosité, comme l'histoire l'a trop souvent démontré. Les nazis et les pogromistes hantent l'œuvre de Sfar: aux monstres engendrés par le sommeil de la raison, il oppose les créatures fantastiques animées par son crayon. Et, pour tenter de conjurer le mal suprême qu'est la mort, il chante à travers son bestiaire magique son amour de la vie.

Sa ménagerie mêle les références les plus variées, ce qui se traduit notamment par de nombreuses collaborations (Christophe Blain, Mathieu Sapin, Lewis Trondheim...). Mais Sfar doit tout d'abord aux jeux de rôles, qui, selon ses propres dires, ont changé sa vie puisqu'ils lui auraient appris l'art de la narration. Il rend également hommage aux maîtres du fantastique qu'il admire: ainsi, le Gibbous, monstre à l'apparence de lune gibbeuse tourmentant la famille de Petit Vampire, est un clin d'œil au monde de Cthulhu de Howard Phillips Lovecraft. Le dessinateur se nourrit aussi des légendes et du folklore juifs qui l'accompagnent depuis son enfance. Il s'intéresse tout particulièrement à la figure du Golem, géant d'argile animé par le pouvoir magique des lettres hébraïques, dont la création est attribuée, dans les légendes, à différents sages juifs et tout particulièrement à Yehoudah Loew, dit le Maharal, qui vécut à Prague au XVIe siècle. C'est que le Golem, double dont l'homme cherche à se doter, occupe un statut à part pour Sfar. Comme il l'écrit dans son mémoire de maîtrise en philosophie soutenu

1 Joann Sfar, *Les enfants ne se laissaient pas faire*, Paris, Gallimard bande dessinée, 2023, p. 7.

en 1993, *Le Complexe du Golem ou le Peintre juif face à la figure humaine*, l'histoire du Golem constitue un «magistral pied de nez à la prétendue interdiction faite aux juifs de représenter la figure humaine[2]» et «une tentative d'introduire la création artistique dans la pensée juive[3]». Dans ces conditions, on ne s'étonnera guère que Sfar ait décidé d'assortir son mémoire de dessins savoureux qui mettent en scène le Golem, tel celui montrant Sigmund Freud en train de psychanalyser le géant d'argile sur son divan. L'auteur s'appuie sur les légendes du Golem pour examiner le sens que peut revêtir l'acte pictural pour un créateur juif lorsqu'il représente une figure humaine, en se concentrant sur les cas de Marc Chagall et Chaïm Soutine. L'exploration de ce qu'il qualifie de «complexe du Golem» le conduit ainsi, par exemple, à suggérer une poétique de l'inachèvement chez Chagall: «Le tableau est un golem. Le tableau fini est un golem *met* – mort[4].» Sfar se souvient de ce travail dans *Le Petit Monde du Golem* (1998), lorsque, représentant Soutine à l'œuvre, il le fait dialoguer avec une mandragore – créature imaginaire chère aux alchimistes qui, comme le Golem, pourrait s'animer sous une forme humaine grâce à des rituels magiques. Le peintre déclare en effet à la créature, alors qu'elle pose pour lui: «Les gens [...] ne comprennent pas que j'ai besoin de les voir immobiles. [...] La vie, c'est moi qui la rajoute dans mes tableaux[5].»

Dans ses bandes dessinées, Sfar réitère l'exploit présumé du Maharal en donnant vie à son tour au Golem, d'abord dans *Le Petit Monde du Golem*, puis quelques années plus tard dans *La Communauté des magiciens* (2004) et *Le peuple est un Golem* (2005). Fidèle à son esprit syncrétique, il lui fait rencontrer des créatures archétypales issues d'autres cultures fantastiques, comme les vampires ou les sorcières, au gré des tribulations des inspecteurs Mazock et Ehrenstein. Mais il façonne son golem à l'aide de détails empruntés aux légendes juives d'Europe orientale: le décor se situe à Vilna (actuelle Vilnius), en Lituanie, et le maître du Golem se nomme Eliaou, en référence au célèbre Gaon de Vilna, Eliyah ben Salomon Zalman, savant talmudiste du XVIIIe siècle qui, à l'instar du Maharal, suscita de nombreux récits et légendes. On lui prête ainsi la création d'un golem d'argile, qu'il aurait animé à l'aide d'un parchemin inséré dans son oreille, afin qu'il approvisionne en poisson la communauté juive pour *shabbat* et, surtout, qu'il la protège d'attaques antijuives[6]. Dans le récit de Sfar, Eliaou est un fervent observant qui s'est confectionné un golem à la suite du massacre de sa famille par les cosaques. Il le pétrit d'une haine vengeresse, mais, une fois sa créature amenée à la vie par les rituels sacrés, est désarmé par son innocence: «On ne peut pas créer un être juste pour qu'il tue[7].» Le Golem devient dès lors son fidèle compagnon, l'assistant dans des tâches quotidiennes (porter de lourdes charges, lui laver les pieds...) et, le cas échéant, le défendant contre ceux qui s'en prennent à lui – car la société dans laquelle Eliaou et son golem évoluent est pleine de menaces et peuplée d'individus mus par une violence gratuite. Conformément aux descriptions qu'en font les légendes, le golem d'Eliaou est aussi puissant de corps qu'il est limité d'esprit. Il respecte les règles du judaïsme, ce qui est logique, étant donné que, dans la tradition, seul un juif extrêmement pieux est susceptible d'animer un golem. Ainsi, le géant d'argile mange

2 Joann Sfar, *Le Complexe du Golem ou le Peintre juif face à la figure humaine*, Nice, université Nice Sophia Antipolis, 1993, p. 9.
3 *Ibid.*, p. 10.
4 *Ibid.*, p. 71.
5 Joann Sfar, *Le Petit Monde du Golem*, Paris, L'Association, coll. «Ciboulette», 1998, p. 34.
6 «The Golem of Vilna», dans Beatrice Silverman Weinreich (dir.), *Yiddish Folktales*, New York, Schocken Books, 2012, p. 340-341.
7 Joann Sfar (scénario et dessin), Sandrina Jardel (scénario), *Grand Vampire*, t. 6: *Le peuple est un Golem*, Paris, Delcourt, coll. «Machinations», 2005, p. 43.

kasher, récite les prières avec son maître – mais il le fait mentalement puisqu'il est muet, comme le décrivent les légendes. Sfar joue ici des débats intenses qui divisèrent les sages juifs quant au fait qu'un golem puisse ou non, en raison de son mutisme, participer aux rituels religieux. Mais l'auteur s'amuse aussi en s'autorisant quelques fantaisies bien éloignées de la kabbale: son golem est extravagant, il joue de la musique manouche, danse et fait des cabrioles, ne se refuse pas le plaisir d'une partie d'échecs, quitte à en gober les pièces!

Comme dans bien des récits qui reprennent à leur compte le mythe du Golem, la créature suscite, chez Sfar, la convoitise en raison de sa force surhumaine. Elle s'anime, comme dans les légendes, grâce au pouvoir des lettres hébraïques: les protagonistes suivent les préconisations d'Abraham Aboulafia, mystique espagnol du XIIIe siècle; et l'on assiste même à une tentative comique, par Fernand le vampire, qui ne connaît pas l'hébreu, d'inscrire, tant bien que mal, sur son front le terme «*emet*» («vérité» en hébreu).

En intégrant à son histoire un second golem, double du premier (bien que fort grossier) – soit en introduisant un golem au carré –, Sfar évoque astucieusement le fait que l'histoire du Golem propose aussi une réflexion éthique et esthétique sur le statut de l'original et de la copie, et *in fine*, sur les processus de reproductibilité caractérisant notre époque.

Dans *Les enfants ne se laissaient pas faire* (2023), où il aborde, sous la forme d'un journal, une myriade de sujets qui lui tiennent à cœur (banalisation de l'extrême droite en France, réflexion sur la condition juive, rôle du dessin, observation de ses enfants grandissant, vie ou survie en temps de covid, accueil des migrants...), Sfar revient à deux reprises sur la figure du Golem, dont il souligne l'ambivalence. Il la convoque à propos de la guerre en Ukraine, une tragédie qui le bouleverse et qui occupe une place croissante dans le volume. Du Golem légendaire, il retient d'abord sa composante destructrice, dont la maîtrise finit par échapper à son créateur. Alors qu'il s'effraie des menaces d'attaques nucléaires brandies par Vladimir Poutine dès le début de l'agression russe, ainsi que de l'occupation, par l'armée russe, du site nucléaire de Zaporijia, Sfar trace le parallèle suivant: «La dissuasion nucléaire, c'est le Golem[8].» Il réactive ainsi l'association entre le géant d'argile et l'arme atomique qui avait fleuri pendant la période de la guerre froide, hantée par le spectre d'un Armageddon nucléaire. Mais Sfar reprend également du Golem la dimension protectrice que le géant aurait déployée du temps de Rodolphe II de Habsbourg, archiduc d'Autriche au XVIe siècle, selon les légendes praguoises, pour sauver la communauté juive alors que des rumeurs lui prêtaient l'utilisation de sang d'enfants chrétiens pour fabriquer le pain azyme. Ainsi, à propos d'un théâtre de Marioupol dont, contre toute attente, l'abri ne s'est pas effondré sous les bombardements russes, Sfar se plaît à imaginer la main du Golem protégeant les habitants de la ville qui s'y sont réfugiés. Il fait ainsi écho à la légende selon laquelle le Golem serait intervenu, durant la Seconde Guerre mondiale, à Prague, pour faire s'écrouler une synagogue sur un corps de nazis, à défaut d'avoir pu empêcher, plus globalement, la Shoah – une impuissance que de nombreux *comics*, notamment américains,

8 Joann Sfar, *Les enfants ne se laissaient pas faire*, *op. cit.*, p. 230.

conjurèrent par la fiction, en imaginant une kyrielle de super-héros capables de défaire à tout jamais les puissances du Mal. Ce retour de Sfar au Golem à propos de la tragédie ukrainienne actuelle confirme à nouveau combien le géant d'argile, au symbolisme protéiforme, s'impose à l'esprit en temps de crise.

C'est aussi au sujet de la crise que traverse aujourd'hui la sphère artistique et intellectuelle à la suite des derniers progrès de l'intelligence artificielle – qui viennent perturber la distinction entre productions créatives humaines et non-humaines – que Sfar mobilise une fois encore le Golem, dans un dessin publié sur Instagram. Consacré à l'art du «prompt» (commande écrite transmise à une intelligence artificielle pour générer une image ou un texte), il s'intitule « grand ouvroir lexical évolutif maximum », soit l'acronyme golem. Sfar y prédit la fin des artistes humains «bientôt à notre place, ces avatars», et représente un Golem que l'on éveille à la vie. Il existe une filiation, soulignée en son temps par des pionniers de la cybernétique comme Norbert Wiener et par des spécialistes de la kabbale comme Gershom Scholem, entre la créature d'argile, animée par des combinaisons de lettres, et l'informatique, obéissant à des codes. À l'instar du Golem légendaire qui finit par échapper à son maître, voire à le surpasser, l'intelligence artificielle pourrait, à force de se perfectionner, menacer la spécificité de l'humain en tant qu'artiste et créateur. Par un retournement saisissant, le dessin de Sfar suggère que le «complexe du Golem» pourrait devenir le seul apanage de créateurs machiniques.

Mais que l'on se rassure, pour l'heure, l'art de Joann Sfar reste bel et bien un art humain en pleine vie.

«Ce qui est intéressant, c'est l'auteur
qui réussit à susciter chez le lecteur
le sentiment de déplacement,
pas le sentiment d'être ailleurs
mais celui d'aller vers un ailleurs.
[...] Quand j'utilise des figures
de vampires ou de momies, ce n'est
pas dans leur sens d'initiation
vers la mort ou de passeur qu'ils
pouvaient avoir dans la littérature
du siècle dernier, c'est au contraire
comme des tartes à la crème
de la littérature fantastique.»

Jérôme Vincent, «Interview de Joann Sfar en 2002»,
ActuSF, 31 octobre 2017

 Joann Sfar, carnet de dessin partiellement reproduit dans *Les enfants ne se laissaient pas faire*, 2022, encre de Chine et crayon sur papier, 21,5 × 15 cm

Pierre Dubois (scénario), Joann Sfar (dessin et couleurs), *Petrus Barbygère*, t. 1 : *L'Elficologue*, 1995, encre de Chine, aquarelle et gouache sur papier, 42 × 29,5 cm

Joann Sfar (scénario et dessin), *Professeur Bell*, t. 2 : *Les Poupées de Jérusalem*, 2000, illustration pour la couverture, encre de Chine sur papier, 42 × 29,5 cm

...La femme...

Joann Sfar (scénario et dessin), *Le Minuscule Mousquetaire*, t. 3 : *On ne patine pas avec l'amour*, détail de la pl. 2, 2006, encre de Chine et aquarelle sur papier, 32 × 24 cm

Joann Sfar (scénario et dessin), *Le Minuscule Mousquetaire*, t. 3 : *On ne patine pas avec l'amour*, 2006, encre de Chine et aquarelle sur papier, 42 × 29,5 cm

Joann Sfar (scénario et dessin), Sandrina Jardel (scénario), Walter (couleurs), *Grand Vampire*, t. 6 : *Le peuple est un Golem*, 2005, détail de la p. 47

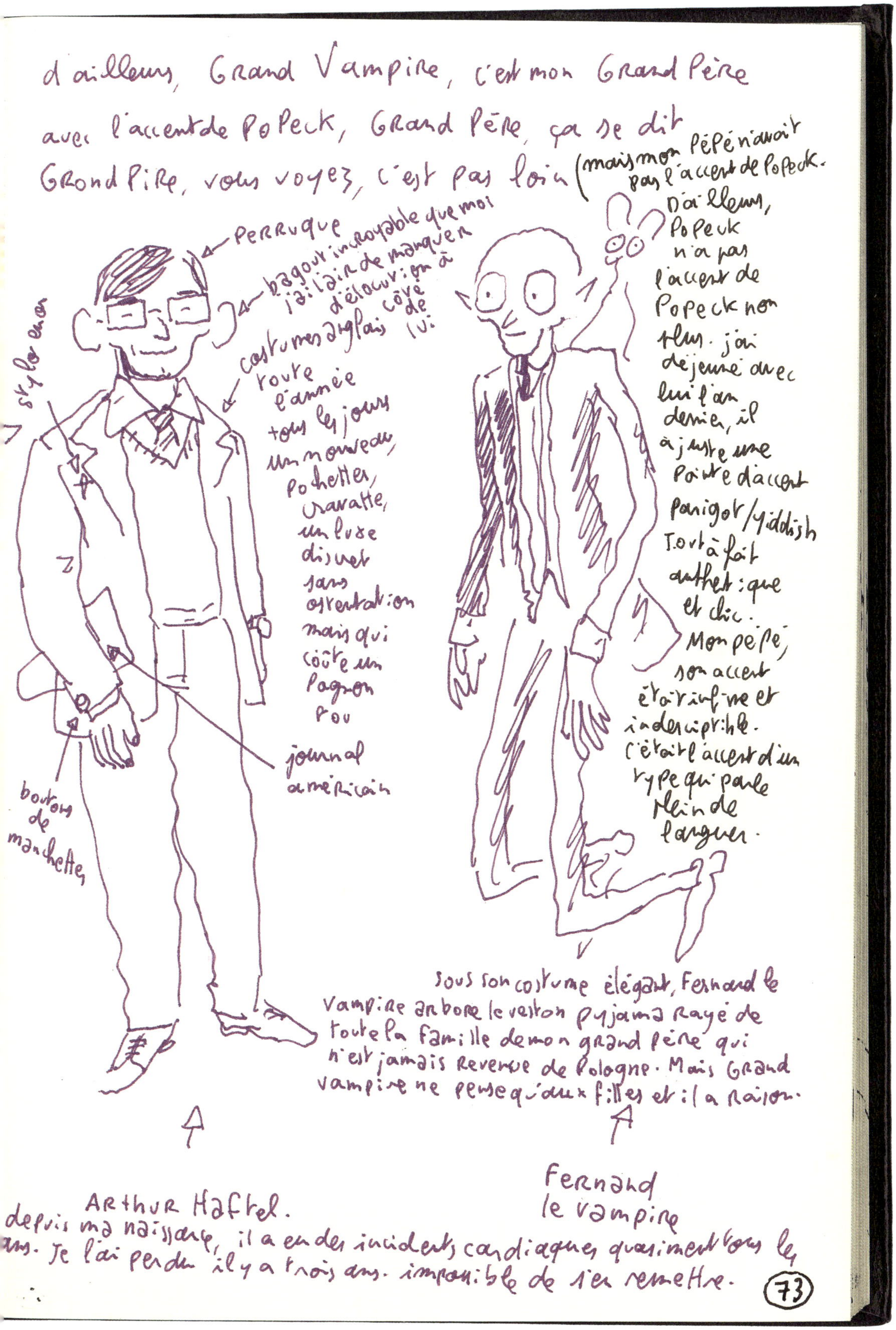

Joann Sfar, carnet de dessin partiellement reproduit dans *Ukulélé*, [2002], encre de Chine et crayon sur papier, 21,5 × 15 cm

Joann Sfar (scénario et dessin), Sandrina Jardel (scénario), *Grand Vampire*, t. 6 : *Le peuple est un Golem*, 2005, encre de Chine et aquarelle sur papier, 32 × 24 cm

Joann Sfar (scénario et dessin), Sandrina Jardel (scénario), *Grand Vampire*, t. 6 : *Le peuple est un Golem*, 2005, encre de Chine et aquarelle sur papier, 32 × 24 cm

Joann Sfar (scénario et dessin), Sandrina Jardel (scénario), *Grand Vampire*, t. 6 : *Le peuple est un Golem*, 2005, encre de Chine et aquarelle sur papier, 32 × 24 cm

Joann Sfar (scénario et dessin), Sandrina Jardel (scénario), *Grand Vampire*, t. 6 : *Le peuple est un Golem*, 2005, encre de Chine et aquarelle sur papier, 32 × 24 cm

Finalement, ça n'est peut-être pas la même chose, lorsque je raconte mes histoires sous forme de bandes dessinées, comme dans "Grand Vampire" et quand je fais ça avec du texte illustré, comme dans "L'Homme-Arbre". Par exemple, le personnage de Liou, en bandes dessinées, je la regarde agir, puisque la bande dessinée, c'est un peu l'actor studio.

J'ai l'air de découvrir l'eau tiède mais il m'a fallu arriver à la rédaction du dernier tome de "L'Homme-Arbre" pour découvrir ça : cette Liou qui me faisait tant sourire en bandes dessinées, dès que je la raconte sous forme romancée, elle me rend triste. Parce que dans ce roman, on reste plus longtemps dans sa tête. Quand elle dit une phrase qui aurait été drôle en B.D, ça rend mélancolique. Parce qu'on voit les choses qui la font dire ça. On comprend pourquoi elle fait l'andouille

Joann Sfar, carnet de dessin partiellement reproduit dans *Caravan*, 2004, encre de Chine, crayon et aquarelle sur papier, 21,5 × 15 cm

L'ENFANCE

Pour Joann Sfar, le travail le plus exigeant est celui qui s'adresse aux enfants. À partir de 2003, il dirige aux éditions Bréal une collection de livres jeunesse confiés à des auteurs de bande dessinée, dont des membres de l'atelier des Vosges : Émile Bravo, Emmanuel Guibert, Mathieu Sapin, Marjane Satrapi, Riad Sattouf... L'ambition de Sfar est de publier des livres d'une grande liberté sans craindre d'aborder des sujets sérieux ou graves : la circoncision par Riad Sattouf, la guerre mondiale par Émile Bravo...

La même démarche l'anime pour ses propres productions. Comme Roald Dahl et René Goscinny, ses modèles, il choisit de parler de tout aux enfants, avec humour et sans jamais édulcorer le propos. Dans *Petit Vampire*, dont le premier volume est publié en 1999, Michel, inspiré de l'auteur enfant, a perdu ses parents. Élevé par ses grands-parents, il entame une correspondance avec un vampire qui le présente aux monstres et fantômes peuplant sa maison. Le dessin trouve ici une liberté sans limites : monstres et vampires cohabitent dans la villa des grands-parents du dessinateur au Cap d'Antibes. Les assemblages les plus hétéroclites sont possibles, sans autre justification que l'humour et les exigences du récit.

En 2008, Sfar s'attaque à l'adaptation du *Petit Prince* d'Antoine de Saint-Exupéry, démontrant ce que la bande dessinée peut apporter à la relecture d'une œuvre mythique.

Joann Sfar, carnet de dessin partiellement reproduit dans *Les Carnets de Joann Sfar. Maharajah*, [2008], encre de Chine, crayon et aquarelle sur papier, 21,5 × 15 cm

L'ENFANCE TOUJOURS EN ÉVEIL

—

Émile Bravo

Quand il se présenta en 1993 dans notre atelier de la rue Quincampoix, introduit par notre collègue Lewis Trondheim, le jeune, fringant et pétillant Joann Sfar me fit une vive impression… Il portait la gaîté en lui. Le visage éclairé par un large sourire, il nous serra chaleureusement la main, heureux de rejoindre ce groupe qui l'accueillait. Joann portait la ferme espérance d'y trouver, voire d'y fonder, un cercle d'amis. Il évoqua mille sujets avec acuité et pertinence mais également avec humour et générosité – on devinait le puits de culture. Il me donna l'impression d'un enfant montrant ses jouets en disant: «Regardez, j'en ai plein, ils sont beaux, n'est-ce pas? Est-ce que vous voulez jouer avec moi?» Il me plut beaucoup. Il parlait au gamin que je suis resté. J'étais donc ravi de rencontrer ce nouveau copain, qui, comme moi, avait besoin d'exister et d'être aimé. Dans cet atelier calme et studieux, je n'étais plus le seul à fredonner, à parler, à blaguer, puisque, au grand dam de nos autres camarades, c'était à présent de conserve que nous confondions la salle de classe avec la cour de récré… Nous nous faisions alors réprimander par le directeur de l'école, Lewis Trondheim, ou par le proviseur, David B. Parfois, il nous arrivait de faire nos devoirs ensemble: nous échangions des idées, des dessins, mais il s'agissait de travaux essentiellement destinés au public adolescent et adulte.

Un jour au cours duquel nous constations le manque flagrant de bande dessinée pour la jeunesse (ce média, empêtré dans sa crise d'adolescence, recherchait encore la reconnaissance de la société adulte) et portés par le souvenir si présent de notre enfance, cet âge de curiosité, de questionnements, où l'imagination sans crainte de jugement n'a pas de limite, nous décidâmes de nous lancer chacun dans l'aventure… Mais par quel biais?

En replongeant dans cette période de notre vie, nous nous rendîmes compte que, petits, nous avions souffert, à l'instar de nombreux enfants, de difficultés existentielles. Moi, parce que j'étais né de parents très âgés originaires d'Espagne, Joann, parce qu'il avait, très jeune, perdu sa mère, elle-même issue d'une famille juive décimée dans la Shoah. Une évidence s'imposait: il fallait transmettre aux plus jeunes nos doutes et nos certitudes sur la relativité et l'absurdité de notre existence. Et comme nous ne nous prenions pas au sérieux, il fallait parler de tout cela avec détachement, c'est-à-dire avec humour…

Alors que je m'appliquais à construire les aventures de Jules, un enfant tout à fait «normal» confronté à des phénomènes physiques et psychologiques anormaux, Joann arriva avec sa nouvelle créature, Petit Vampire. Et là, un autre monde s'ouvrit à nous, un univers de morts… Ce vampire ne venait pas des Carpates mais de Lituanie, une terre d'épouvante et d'extermination… Pourtant, on n'y trouvait rien de morbide. Joann s'était reconstitué une nouvelle famille, de nouveaux amis… On était loin de l'esprit grinçant de la famille Addams – ici, tout était tendresse, poésie et même volupté ! On y rencontrait sa mère, pardon, la mère de Petit Vampire, Pandora (comme la fascinante chanteuse du film éponyme), son conjoint, le Capitaine des Morts (capitaine du vaisseau fantôme le Hollandais Volant), un élégant squelette qui semblait avoir des velléités de composition musicale, toute une ribambelle de monstres exotiques venus de tous les horizons et de morts-vivants plus délirants les uns que les autres. Sans oublier le grand copain de Petit Vampire ou plutôt son *alter ego* bien vivant, Michel, le petit orphelin juif, portrait de Joann, élevé, comme lui, par ses grands-parents. Bref, une mine d'or pour les psychanalystes, mais là n'est pas le propos... Cette découverte provoqua un chamboulement dans mon esprit cartésien en mal de rationalité. On ne poussait pas les portes de l'enfer en entrant dans ce conte, c'étaient les portes de la liberté. On rejoignait un monde hétéroclite qui semblait monstrueux mais qui n'était qu'amour – un monde sans crainte où les enfants n'avaient plus peur du diable ni des fantômes et où ils donnaient libre cours à leur fantaisie. C'était un hymne à la non-conformité et à la turbulence, et pour moi, un rappel au désordre. De Petit à Grand Vampire, de *Sardine de l'espace* à l'adaptation du *Petit Prince*, ce que nous propose Joann dans son œuvre pour la jeunesse, c'est peut-être : «Est-ce que tu veux bien jouer avec moi?»

Je suis de ceux qui pensent que «créer» est un mot d'adulte, un mot pour les dieux. Dans la langue des enfants, ce mot se dit «jouer». Alors, allez-y sans peur et jouez avec Joann, c'est un bon camarade, et si vous vous considérez comme un «mort mais bien vivant», il vous aimera d'autant plus!

LE CINÉMA D'UN DESSINATEUR

—

Xavier Kawa-Topor

Joann Sfar a toujours rêvé de films de monstres. C'est avec eux qu'il a grandi, en spectateur clandestin du cinéma fantastique et d'horreur d'Universal et de la Hammer. Les films de Roger Corman, les chefs-d'œuvre de la UFA comme le *Nosferatu* de Friedrich Wilhelm Murnau ou *M le Maudit* de Fritz Lang, parmi mille autres références, ont imprégné son univers graphique et son mode de narration, au point de les rendre intrinsèquement cinématographiques.

Petit Vampire, le personnage dont il est l'intime, demandait probablement avec insistance à vivre à l'écran. En 2004, c'est chose faite. La série offre sa matière profuse à cinquante-deux épisodes de treize minutes diffusés dans la case jeunesse de la télévision publique française. Le ton de l'œuvre originale est bien là, ainsi que le trait de son dessinateur, son univers chromatique, ses cadrages. Cette fidélité formelle est le fruit d'une méthode que Sfar qualifie d'expérimentale, fondée sur l'utilisation d'un nouveau logiciel d'effets spéciaux et l'approche artistique de jeunes dessinateurs à mi-chemin entre dessin animé et bande dessinée, qui préside au choix d'une animation limitée. Puis vient Hyacinthe, l'étrangleur du métro parisien, un monstre d'humanité dont Sfar et Sébastien Cosset mettent en scène, en 2005, la ballade nonchalante et effrayante pour le clip d'une chanson de Thomas Fersen. Privés du langage verbal dont ils sont habituellement virtuoses, les personnages de Sfar y expriment, par leur seule présence corporelle, toute l'intériorité émotionnelle dont leur créateur les a dotés.

En 2010, c'est encore un monstre qu'imagine Sfar pour incarner les terreurs enfantines de Gainsbourg – et dont il confie la création à David Marti et Montse Ribé, spécialistes des effets spéciaux et collaborateurs réguliers de Guillermo del Toro – dans *Gainsbourg (vie héroïque)*, son premier long métrage et premier César. Tourné en prise de vues réelles, ce film révèle un cinéaste à part entière, brillant par la picturalité de ses images, sa direction d'acteurs et sa façon d'insuffler au récit le mouvement même de la vie dans ce qu'elle a de plus essentiel, libre, amoureuse, philosophique.

C'est également en prise de vues réelles que Sfar envisage de porter lui-même à l'écran son *Chat du rabbin*. Car, pour lui, « cette histoire, c'est un film », un « vrai film [...] avec de vrais acteurs dont on tombe amoureux[1] ». Le récit, inspiré de plusieurs volumes de la série, n'a-t-il pas précisément pour point de fuite l'amour qu'un chat désire déclarer à sa belle maîtresse, Zlabya, la fille d'un rabbin de la casbah d'Alger ? Pour trouver le souffle d'une aventure qui entraîne ses protagonistes à traverser l'Afrique sur la route de l'imaginaire colonial et de l'universelle bêtise humaine, Sfar se met à imaginer un film qui aurait « l'élégance de *Casablanca*, la gouaille de *Pépé le Moko* et les vrombissements de moteurs de *Cent mille dollars au soleil*[2] », avant de considérer que seuls ses dessins recèlent la matière de ses rêves. Le dessin oui,

1 *Le Chat du rabbin, le film. Dossier de presse*, Paris, Autochenille production-Dargaud, s.d., p. 2.
2 *Idem.*

mais tel qu'il le pratique dans la bande dessinée : au plus près du réel, comme une façon de regarder le monde et de l'aimer.

Sfar aspire à inventer son propre cinéma de dessinateur, avec en ligne de mire l'animation japonaise et en particulier l'œuvre d'Isao Takahata (*Le Tombeau des lucioles*, *Mes voisins les Yamada*), cofondateur du Studio Ghibli avec Hayao Miyazaki, pour ce qu'elle sait observer, possède le sens du rythme et s'autorise « des silences, des tempêtes, des syncrétismes[3] ». Il mesure bientôt combien la rencontre entre la bande dessinée et l'animation, deux traditions graphiques et narratives aux antipodes l'une de l'autre, peut se révéler difficile. La fluidité de l'animation se gagne au prix d'une adaptation de son graphisme aux contraintes de celle-ci. Quant au cadre de l'image, il s'élargit à l'écran de cinéma, s'horizontalise, ouvrant le champ à des perspectives plus amples et des décors d'une luminosité nouvelle. C'est finalement une réinvention de l'œuvre originelle, élégante et gouailleuse, certes, mais aussi parcourue d'un authentique souffle romanesque et épique, que consacrent le Cristal du festival d'Annecy et le César du meilleur film d'animation.

Il ne reste plus à Sfar qu'à revenir à son Petit Vampire pour, cette fois-ci, réaliser le film dont il rêve : un film de monstres pour enfants. La forme du dessin animé ne fait plus aucun doute à ce propos. Avec comme références les films du Studio Ghibli et de Pixar, qui savent aborder des sujets graves avec un vrai sens du récit pour enfants, Sfar achève sa mue de réalisateur de cinéma d'animation. Pour tirer parti de tout l'espace expressif de ce cinéma, il pousse plus loin le réalisme des décors de sa Côte d'Azur natale, tout en réinventant l'aspect de ses personnages pour les rendre plus dynamiques. Une vie fourmillante investit l'écran qui donne corps à une forme de réalisme magique. Avec la confiance d'un enfant, le spectateur s'en remet au narrateur et le suit dans le monde optimiste de ses monstres, jusqu'au bout de son récit parsemé de réminiscences cinématographiques jubilatoires : des combats de pirates à la fascinante figure de la Pandora d'Albert Lewin, prise en étau entre l'amour et la mort. La morale en forme de pirouette de ce conte de la désobéissance est claire : si Petit Vampire déserte le ciné-club domestique, lassé des séances du *Chien des Baskerville* ou de *La Chambre des tortures*, c'est que rien ne vaut de vivre sa propre aventure.

3 *Ibid.*, p. 8.

F-AN

Joann Sfar (scénario et dessin), d'après l'œuvre d'Antoine de Saint-Exupéry *Le Petit Prince*, 2008, illustration de couverture, encre de Chine sur papier, 42 × 29,8 cm

Joann Sfar (scénario et dessin), d'après l'œuvre d'Antoine de Saint-Exupéry *Le Petit Prince*, 2008, encre de Chine et crayon sur papier, 35 × 25 cm

CONAN
Bar

Joann Sfar (scénario et dessin), *Petit Vampire*, t. 5 : *Petit Vampire et la soupe de caca*, détail de la pl. 30, 2003, encre de Chine sur papier, 42 × 29,5 cm

Joann Sfar (scénario et dessin), *Petit Vampire*, t. 1 : *Petit Vampire va à l'école*, 1999, illustration de couverture, encre de Chine sur papier, 46 × 35 cm

Joann Sfar (scénario et dessin), *Petit Vampire*, t. 1 : *Petit Vampire va à l'école*, 1999, encre de Chine sur papier, 42 × 29,5 cm

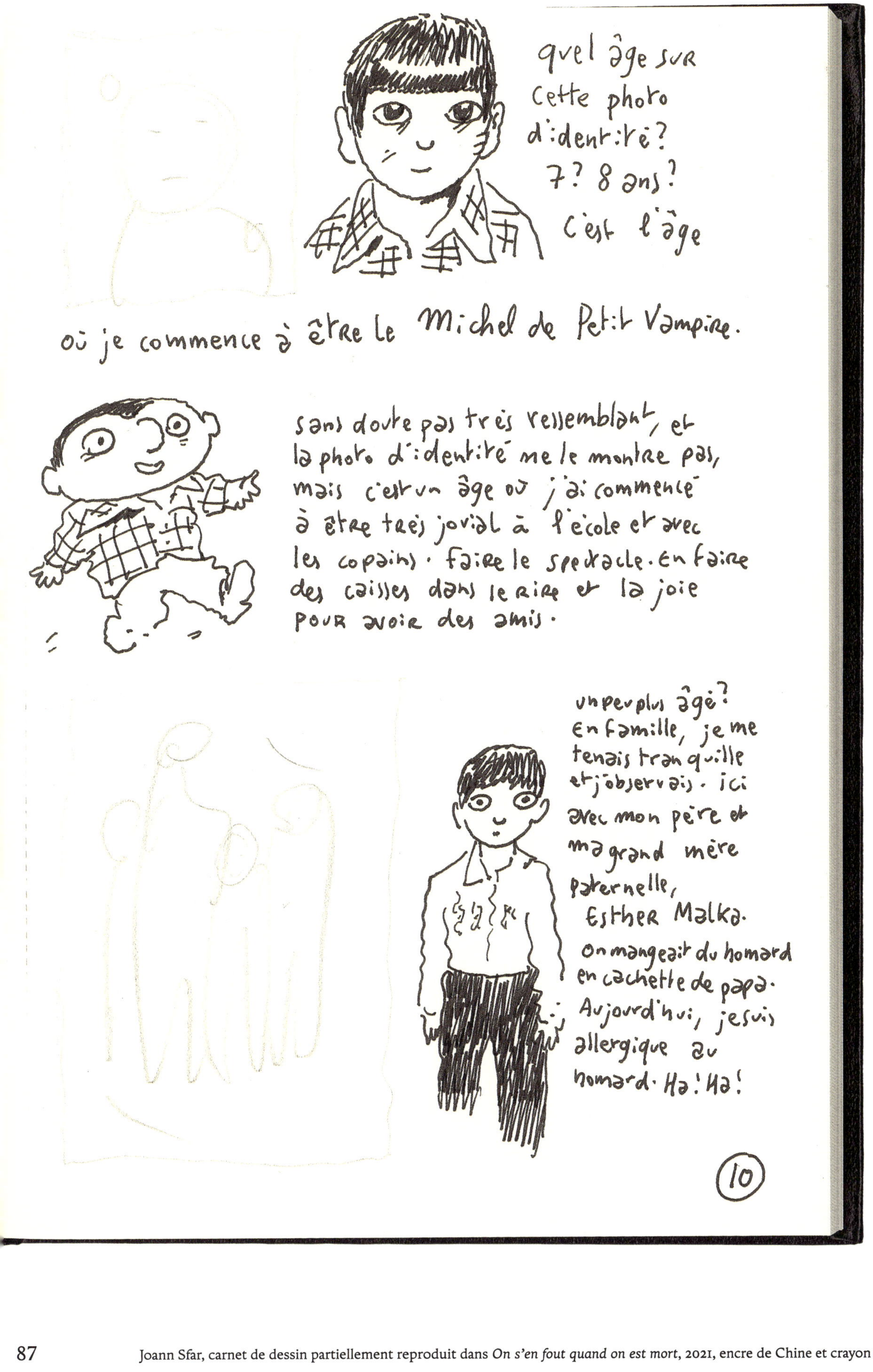

Joann Sfar, carnet de dessin partiellement reproduit dans *On s'en fout quand on est mort*, 2021, encre de Chine et crayon sur papier, 21,5 × 15 cm

«La littérature enfantine n'est pas un auxiliaire des parents ou des professeurs. Elle doit faire entendre une troisième voix, subversive, autant que possible. Un livre, on ne peut pas lui couper la parole, et si on apprécie les personnages, on suivra l'histoire jusqu'au bout. Les livres pour enfants sont des bombes à retardement. Ils ont pour mission d'ouvrir grand les fenêtres de la maison familiale et de faire rentrer dans les jeunes poumons le bon air de l'extérieur.»

Piano, Paris, L'Association, coll. «Côtelette», 2003, p. 194

DOUBLE PAGE SUIVANTE
Joann Sfar (scénario et dessin), *Petit Vampire*, t. 7 : *Petit Vampire et le rêve de Tokyo*, détail de l'illustration de couverture, 2005, encre de Chine sur papier, 42 × 29,5 cm

Joann Sfar (scénario et dessin), *Petit Vampire*, t. 3 : *Petit Vampire et la Société protectrice des chiens*, 2001, illustration de couverture, encre de Chine sur papier, 42 × 29,5 cm

STEVENSON
SHERLOCK HOLMES
DRACULA
MANGECLOUS
FRED

L'ATELIER

Pour Joann Sfar, tout passe par le dessin. Un film, un roman, une bande dessinée, il s'agit toujours pour lui de dessin. Il revendique filiations et influences – celles d'Hugo Pratt et de Will Eisner, qu'il considère comme de véritables romanciers en bande dessinée, ou celle de Fred, l'auteur de *Philémon*, qui lui a appris à toujours chercher à se surprendre dans la conception d'une histoire. Mais aussi celles de Quentin Blake, Ronald Searle ou Georges Beuville. Pour Sfar, l'essentiel dans le dessin n'est pas la beauté mais la justesse, la dramaturgie.

Pour ne pas être enfermé dans un système, il pratique également le dessin d'observation, héritage de sa formation aux Beaux-Arts. Dans ses carnets cohabitent ses notes du quotidien et des recherches graphiques de mise en page, de couleur, de montage, constituant, en dehors de l'espace de la case, un terrain d'expérimentation pour le dessin et le récit.

Le matériel est essentiel pour Sfar : il dessine principalement à la plume, rarement au feutre (dans *Brassens*, par exemple). Le pinceau est présent dans *Le Petit Monde du Golem* ou dans certaines cases du *Chat du rabbin*. La recherche du bon papier ou de l'encre la plus adaptée est pour lui une quête sans fin. Sur certaines œuvres, comme *Klezmer*, Sfar pose lui-même la couleur à l'aquarelle, mais lorsqu'il souhaite un résultat plus lisible, plus composé, il fait appel à des coloristes, à commencer par Brigitte Findakly pour *Le Chat du rabbin* notamment, ou Walter pour *Donjon* et *Petit Vampire*.

Après plus de vingt ans passés à partager des lieux – l'atelier Nawak, puis celui des Vosges et, enfin, celui de la Société nationale de bande dessinée avec Christophe Blain, Mathieu Sapin et Riad Sattouf –, Sfar a installé son atelier au cœur de sa maison et travaille désormais chez lui.

Mais tu sais, Moebius, il se trompe.
Oui, comme a dit Blutch, on se trompe tous.
Non. Lui, il commet un véritable contresens. Le réalisme dont il te parle ça n'est pas du tout l'amour de la réalité.
SLURP
Chercher, comme il dit, à pousser un dessin jusqu'à dessiner chaque cil du modèle, c'est dessiner des choses que dans la réalité on ne voit pas. C'est faire allégeance non pas au réel, mais au photographique. C'est l'exacte illustration du mythe de la caverne et de l'artiste qui lâcherait la proie pour l'ombre.
Tu reveux un pastis?
Vas-y, ouais.
Cette fascination dont Moebius fait état à propos des détails que l'on ne pourrait voir que si le modèle vivant acceptait de rester immobile comme une statue de sel, c'est la même qui est à l'œuvre lorsqu'il dessine des cailloux, des canyons, des cristaux.
Cet amour de l'immobile ce sont les souvenirs du petit garçon Jean Giraud qui sortait fasciné du cinéma et tombait sur des photos de cowboys et passait des heures à les redessiner.
Flap!
Flap!

Joann Sfar, carnet de dessin partiellement reproduit dans *Piano*, [2003], encre de Chine, crayon et aquarelle sur papier, 21,5 × 15 cm

COMMENT ÊTRE TOTALEMENT SFAR

—

Pascal Ory

Contrairement à ce que prétendaient les premières histoires de la bande dessinée, celle-ci ne remonte pas à la colonne Trajane ou à la tapisserie de Bayeux mais à la presse imprimée du XIXe siècle. Et il lui a fallu encore attendre les années 1960 pour s'élever au rang enviable d'art à part entière (quoique seulement «neuvième», mais c'était toujours mieux que l'appellation d'avant-guerre, les «petits miquets»). La biographie de Joann Sfar témoigne de ce grand basculement: elle appartient tout entière à un âge où l'«artification» de la bande dessinée, comme disent les sociologues de la culture, est installée.

Alors que les premiers historiens ou critiques de bande dessinée ont inventé des entités comme la «ligne claire» (façon Hergé, prolongée par Chaland ou Floc'h), la première «école» française – et sans doute mondiale – de la bande dessinée aura été L'Association. Celle-ci, née officiellement en 1990, rassemble des artistes ayant fréquenté les mêmes ateliers parisiens avant de se réunir au sein d'une même maison d'édition, sous l'égide de Jean-Christophe Menu, la tête pensante. Le modèle du groupe surréaliste n'est pas loin, avec sa radicalité et ses querelles, Menu jouant ici, toutes choses égales par ailleurs, le rôle (au sens théâtral du terme) d'André Breton. En 1992, l'Ouvroir de bande dessinée potentielle (Oubapo) – créé à l'image des Ouxpos (Ouvroirs d'x potentiel) et du premier d'entre tous, l'Oulipo (Ouvroir de littérature potentielle) de 1960 – signera cette filiation qui, *via* le Collège de 'Pataphysique, remonte en droite ligne au groupe fédéré par Breton. Et très logiquement, l'Oubapo entretiendra des relations étroites avec L'Association.

L'effet de génération est évident: si David B. est né en 1959 et Christophe Blain en 1970, Menu, Emmanuel Guibert et Lewis Trondheim sont tous les trois natifs de 1964 et Patrice Killoffer de 1966. Joann Sfar, né en 1971 et entré dans le groupe en 1994, y fait figure de benjamin mais bénéficie par là même de toute cette énergie créatrice accumulée. Son association (c'est le mot) avec Trondheim dans l'aventure de *Donjon*, lancée en 1998, ne capitalise pas moins d'une cinquantaine d'albums à la date de 2022 – témoignage d'une fécondité et d'une fidélité remarquables, deux qualités qu'on retrouve à plusieurs étapes de l'œuvre et du destin de Sfar. Cette série, dont les deux initiateurs conservent sur la durée le contrôle scénaristique, agrège peu à peu autour d'elle une pléiade de dessinateurs comme Blain, Boulet ou Manu Larcenet. Elle appartient au monde, en plein essor à cette période, des jeux de rôles et de l'*heroic fantasy*, avec une touche parodique qui fait son originalité. Mais, comme l'imagination – donc l'imaginaire – de Sfar semble ne pas avoir de limites, le même homme est capable de lancer, dans le même temps (1999), une autre série, elle aussi fondée sur le traitement décalé d'une mythologie moderne, en la personne de Petit Vampire: dix albums sont parus aujourd'hui, avec une kyrielle de dérivations, allant de la nouvelle ou du roman jusqu'au film d'animation, au jeu vidéo ou au jeu d'évasion.

Car c'est là aussi que s'affirme l'une des caractéristiques de Joann Sfar: il prend un malin plaisir à cumuler les identités artistiques. Comme tout artiste moderne, il cultive sa singularité tout en étant un pur produit de son époque; au reste, ceux qui lui cherchent des généalogies culturelles en sont réduits à faire de lui un héritier aussi bien de Ronald Searle que de Marc Chagall, de Voltaire que de Romain Gary.

Il n'y a pas d'art, rien que des preuves d'art; le neuvième prouve son artification en annexant des territoires jusque-là interdits à la bande dessinée, aux premiers rangs desquels l'autobiographie. C'est ainsi qu'à l'entrée dans le XXIe siècle l'auteur, reconnu par la critique et le public, d'œuvres aussi différentes et imaginatives que *La Fille du professeur* ou *Sardine de l'espace* élargit et, en même temps, leste son œuvre en y invitant, de manière désormais explicite, son identité juive.

Celle-ci le porte à s'identifier à des destins artistiques signés Chagall, Gainsbourg ou Pascin. Mais il n'a pas besoin de se chercher des masques pour reconstituer en manière fantasmagorique des univers communautaires à la fois documentés et improbables comme, à partir de 2002, celui du *Chat du rabbin*, suivi, trois ans plus tard, par celui de *Klezmer* – et, contre toute attente, ce choix, loin de réduire son lectorat, l'a étendu. L'individualisme de masse propre à notre époque affectionne ces manifestes d'identité, pourvu qu'ils soient sensibles et sans arrogance, et sur ce plan, le lecteur est servi. Le mélange de fantaisie et d'acidité de la série séfarade (plus lumineuse) comme de la série ashkénaze (plus sombre) se situe dans la continuité de la philosophie du Figaro de Beaumarchais: «Je me presse de rire de tout, de peur d'être obligé d'en pleurer.»

Cette alliance définit assez bien la singularité de la place de Sfar dans l'univers moins de la bande dessinée que des bédéastes, faite d'oppositions surmontées: un auteur qui aime raconter des histoires – des centaines d'histoires – mais surtout qui aime de plus en plus raconter des idées, un artiste doué qui multiplie les pirouettes mais qui ne perd jamais de vue son centre de gravité (dans tous les sens de ce dernier mot).

Joann Sfar (scénario et dessin), *Le Chat du rabbin*, t. 12 : *La Traversée de la mer Noire*, 2023

COMMENT COLORIER *LE CHAT DU RABBIN*

—

Brigitte Findakly

Avant de colorier une planche, je commence par la lire en noir et blanc et j'observe ce que Joann Sfar a voulu faire ressortir dans chaque case. Ensuite, je ferme tous les traits car Joann ne le fait jamais. Pour un personnage, par exemple, je le détoure complètement en fermant les contours avec la couleur dominante, puis je retravaille les éléments un à un, les cheveux, les vêtements, les détails, etc.

Joann ne donne pas d'indications, mais il n'aime pas – en tout cas, pour *Le Chat du rabbin* – qu'il y ait systématiquement des dégradés, des ombres et des éclairages sur les personnages. Ceux-ci ne doivent être présents que s'ils sont nécessaires à la compréhension du dessin.

Mon objectif étant toujours de rendre celui-ci le plus accessible au lecteur, je ne cherche jamais à ajouter des effets supplémentaires. Je respecte le dessin de Joann, qui est déjà suffisamment complexe et riche.

Pour dessiner le chat, Joann s'est inspiré de son propre chat, Imhotep, un oriental gris aux yeux verts. Et comme il voulait que les yeux ressortent, nous avons conservé la couleur verte plutôt qu'un jaune qui risquait de se fondre dans les ambiances ocre et jaune clair des rues d'Alger notamment.

Entre les tomes 1 et 12, l'apparence des personnages a un peu changé, puisque le dessin de Joann a lui-même évolué. Il en va de même pour les couleurs. Bien que l'on retrouve les mêmes ambiances dans les pièces de la maison du rabbin – le bureau, le salon, la cuisine… –, des tonalités différentes apparaissent. Les seuls éléments qui n'ont pas été modifiés au fil des tomes, ce sont les couleurs des principaux personnages. Ainsi, Zlabya porte invariablement un vêtement rouge à motifs jaunes. C'était l'une des rares demandes de Joann lorsque je me suis mise à colorier *Le Chat*.

Joann Sfar (scénario et dessin), Brigitte Findakly (couleurs), *Le Chat du rabbin*, t. 12 : *La Traversée de la mer Noire*, 2023

C'est finalement vrai. Si je ne me dessine pas ressemblant, c'est parce que je ne veux pas. Mais ça n'a rien à voir, je crois, avec de la pudeur. J'ai l'impression que cette passion pour la statuaire humaine est aux antipodes de mes Préoccupations éthiques.
Je ne crois pas que dessiner avec justesse et précision la figure humaine soit le meilleur chemin pour comprendre les êtres. Cette pensée me heurte, car elle est loin de l'enseignement de mes maîtres, mais de là où je me trouve, je ne veux pas résumer les gens à leur peau, à leurs cartilages, à l'énumération correctement proportionnée de leurs attributs physiques.

Joann Sfar, carnet de dessin partiellement reproduit dans *Caravan*, [2005], encre de Chine, crayon et aquarelle sur papier, 21,5 × 15 cm

«La mort, c'est tu sautes par la fenêtre et tu meurs, ça n'a aucun intérêt. Le dessin, c'est comme si tu sautais par la fenêtre mais que tu t'envolais. Mieux que dans un rêve, puisque tu contrôles le rêve. Quand on dessine, on ne regarde rien d'autre que le monde vivant. On lui envoie une lettre d'amour. Mais il nous émotionne tellement, ce monde, il nous met dans un tel état de fébrilité, qu'on s'assied un moment sur une chaise, et on le dessine.»

Caravan, Paris, L'Association, coll. «Côtelette», 2005, p. 797

Joann Sfar, carnet de dessin partiellement reproduit dans *Caravan*, 2004, encre de Chine, crayon et aquarelle sur papier, 21,5 × 15 cm

Héctor Germán Oesterheld (scénario), Hugo Pratt (dessin), *Sergent Kirk*, *Misterix*, vers 1956, pl. 13,
encre de Chine sur papier, 32,4 × 47,7 cm, Paris, collection 9e Art Références

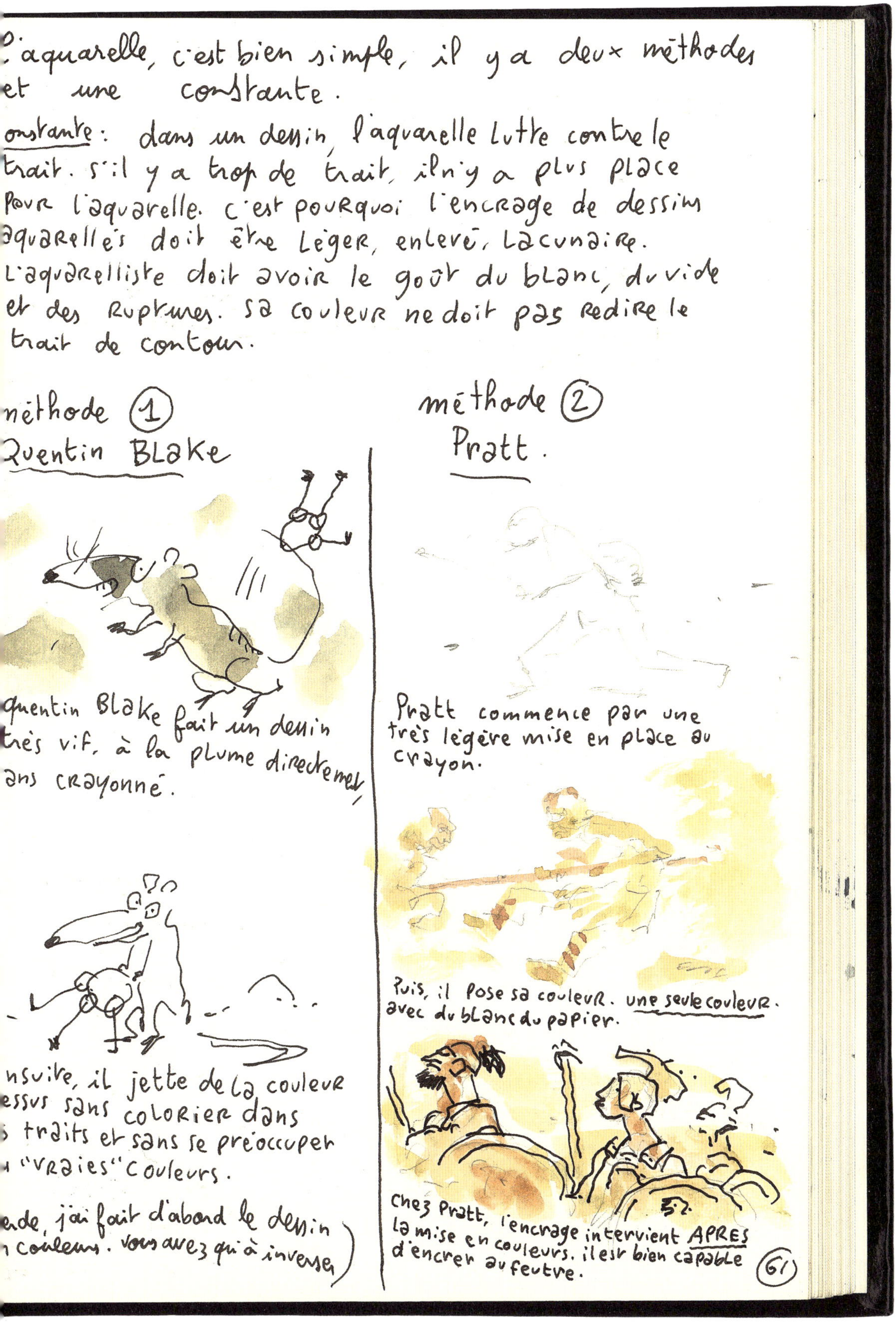

Joann Sfar, carnet de dessin partiellement reproduit dans *Parapluie*, [2003], encre de Chine, crayon et aquarelle sur papier, 21,5 × 15 cm

certains journaux font croire que Will Eisner est mort.
Évidemment, c'est absurde. Comme si on nous annonçait qu'il va falloir se passer du soleil.
Will Eisner publie des bandes dessinées depuis l'âge de 16 ans. Tandis que ses collègues d'atelier inventaient les super-héros, il dessinait Le Spirit : un policier masqué qui fait semblant d'être mort pour mieux rendre la justice. Le Spirit a commencé à prendre des coups dans la figure en 1940 et nous avons de fortes raisons de penser qu'en faisant courir le bruit de sa disparition, Will Eisner applique la même stratégie : mettre le crime en échec en se faisant discret.
SPIRIT... TOUT L'MONDE VOUS CHERCHE AU QUARTIER GÉNÉRAL... QU'EST-CE QUE VOUS FAITES LÀ ? Z'AVEZ PASSÉ TOUTE LA NUIT AU BORD DU FLEUVE... POURQUOI ?

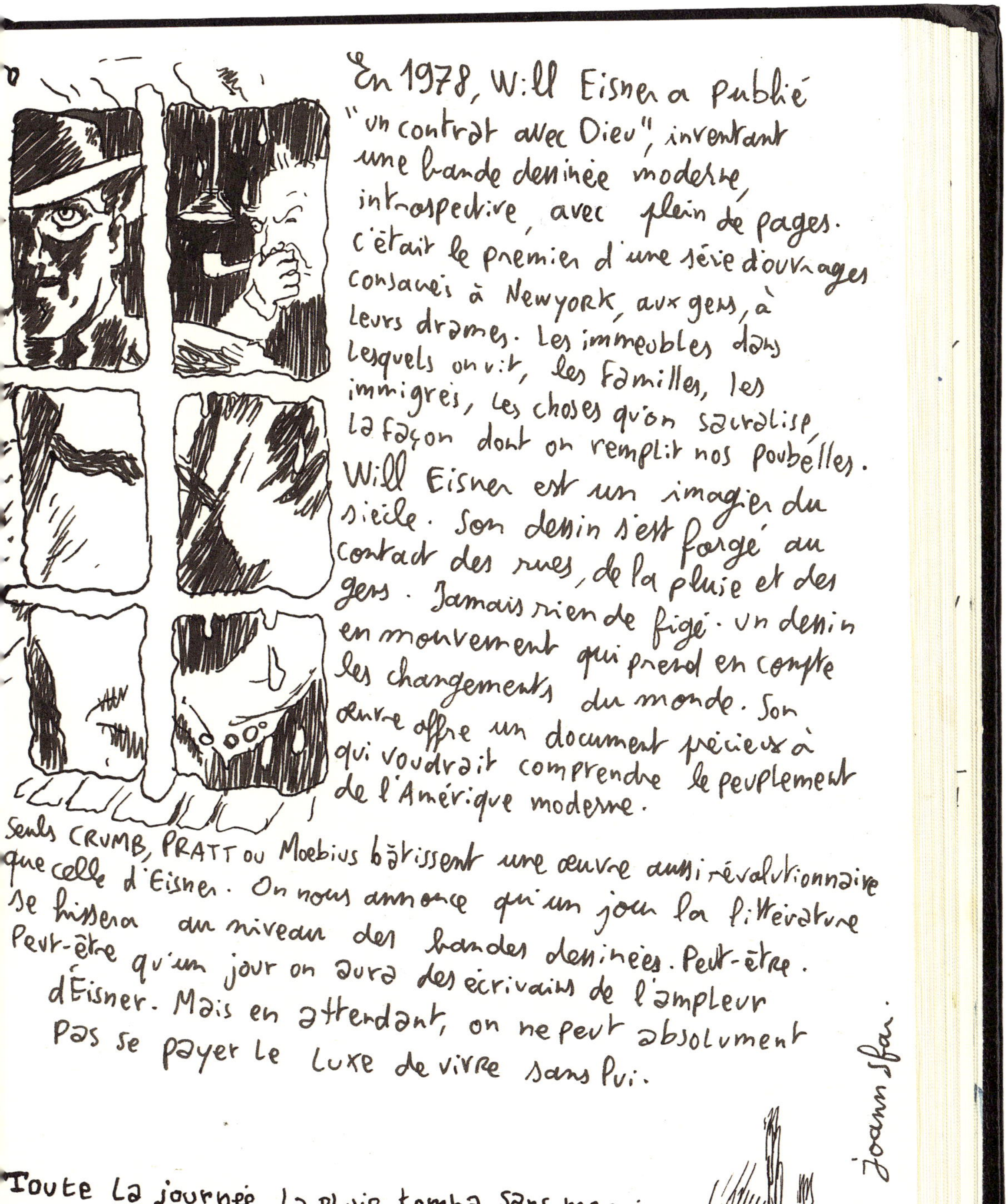

Joann Sfar, carnet de dessin partiellement reproduit dans *Les Carnets de Joann Sfar. Greffier*, [2007], encre de Chine, crayon et aquarelle sur papier, 21,5 × 15 cm

Will Eisner (scénario et dessin), « Home. Stoops », *The New York Trilogy, The Big City*, 1981, pl. 6, encre de Chine et lavis sur papier, 38 × 27,9 cm, Paris, collection 9e Art Références

Will Eisner (scénario et dessin), « Home. Stoops », *The New York Trilogy, The Big City*, 1981, pl. 7, encre de Chine et lavis sur papier, 38 × 27,9 cm, Paris, collection 9e Art Références

je suis sûr que des gens comme Dickens ou Stevenson devaient aussi rêver à des trapèzes imaginaires. Le cirque, c'est pareil, des gens risquent leur vie pour sauter d'un trapèze à l'autre. J'aimerais bien être l'ami de ces gens là. Alors chez moi, je mets des post-it, et l'histoi se fait comme ça et si une femme de ménage passe, hop! l'idée est foutue, mais c'est pas grave, une balle dans la tête, hop! un coup de balai.
Gébé, Cabu, Wolinski, Topor, Cavanna
Pour vendre un des c'était comme si on faisait la manche d'une rédaction à l'autre.

 Joann Sfar, carnet de dessin partiellement reproduit dans *Caravan*, 2004, encre de Chine, crayon et aquarelle sur papier, 21,5 × 15 cm

Joann Sfar (scénario et dessin), *Pascin. La java bleue*, 2005, carnet 1, aquarelle et gouache sur papier, 32 × 24,5 cm

Joann Sfar (scénario et dessin), *Pascin. La java bleue*, détail de la p. 10, 2005, carnet 1, aquarelle et gouache sur papier, 32 × 24,5 cm

LE CHAT DU RABBIN

Le Chat du rabbin, écrit et dessiné par Joann Sfar et mis en couleurs par Brigitte Findakly, connaît dès la sortie du premier album en 2002 un important succès critique et commercial, qui se poursuit jusqu'au douzième volume publié en 2023.

Le chat d'un rabbin d'Alger, amoureux de Zlabya, parle depuis qu'il a mangé le perroquet de la maison. Il remet tout en question, les apprentissages du rabbin autant que les fondements mêmes du judaïsme. Craignant la mauvaise influence que son chat parlant pourrait exercer sur sa fille, le rabbin éloigne le félin et lui fait étudier « la Torah, le Talmud – la Mishna, la Gemara ».

S'inspirant des récits de sa grand-mère paternelle et de son propre chat, Imhotep, Sfar explore au travers de ce conte le judaïsme en Algérie dans l'entre-deux-guerres, en détournant avec bonheur l'imagerie coloniale et la peinture orientaliste. Il y aborde la cohabitation des juifs, des chrétiens et des musulmans, la politique française dans l'Algérie coloniale, l'antisémitisme, les croyances populaires, l'amour, le désir, l'érotisme, faisant de la série une grande leçon philosophique de tolérance.

Phénomène de librairie, le *Chat* a été traduit en vingt-deux langues. En 2011, Sfar en écrit et réalise une adaptation cinématographique qui obtient le César du meilleur film d'animation l'année suivante. La série a également fait l'objet de nombreuses adaptations au théâtre et d'un spectacle musical.

 Joann Sfar, carnet de dessin partiellement reproduit dans *Les Carnets de Joann Sfar. Croisette*, [2008], encre de Chine, crayon et aquarelle sur papier, 21,5 × 15 cm

LA DIALECTIQUE DU CHAT ET DU PERROQUET

—

Marc-Alain Ouaknin

«L'œuvre d'art, disait le philosophe Alain, ne relève pas de la catégorie de l'utile. Si l'on veut juger de sa valeur, on doit donc se demander non à quoi elle peut servir, mais de quel automatisme de pensée elle nous délivre.» En ce sens, le travail de Joann Sfar constitue une formidable œuvre d'art, car ici l'intelligence, l'humour et l'esthétique nous délivrent de manière radicale d'un ensemble de préjugés néfastes, notamment ceux sur Dieu et la religion, sur la supériorité des religions les unes par rapport aux autres et sur la simplicité des sentiments.

Le Chat du rabbin en est l'un des vecteurs principaux mais pas le seul ; en effet, les carnets et les nombreuses séries produites par Sfar vont dans le même sens. Cependant, *Le Chat* en est sans doute le plus emblématique.

Sous le soleil d'Alger L'œuvre de Sfar, en des variations multiples, propose une réflexion sur la tolérance, sur la compréhension de l'autre par l'écoute humble et vraie de son histoire, de son imaginaire, de ses récits, de ses identités plurielles. Sfar construit de subtils scénarios qui convoquent l'Algérie des années 1930 avant l'indépendance, le traumatisme de l'«Exode» des années 1960 trop souvent passé sous silence, le soleil et la mer, les croyances populaires et la philosophie, la cohabitation des juifs, des chrétiens et des musulmans, l'amour, le désir, l'érotisme. Ni exotisme, ni exclusion, ni rejet, mais une altérité qui colore la vie et rend l'esprit curieux.

L'œuvre de Sfar est pleine de sensualité, c'est-à-dire d'une exaltation des sens, de la lumière, des couleurs et des saveurs, de l'intelligence aussi – une œuvre qui donne l'impression de retrouver, sans nostalgie aucune, un lieu que nous n'avons jamais connu et dont pourtant nous avons toujours rêvé.

Avec humour et un œil décapant, c'est une métaphysique du temps linéaire et progressif de la vérité religieuse qui est mise à mal, c'est toute une théorie de l'histoire des religions qui vole en éclats. Celui qui vient en dernier n'est pas meilleur que celui qui vient en premier. Le christianisme n'est pas préférable au judaïsme parce qu'il viendrait après «pour l'accomplir», de même que l'islam ne dépasse pas le judaïsme et le christianisme, venant en troisième et compris comme un progrès ultime. Ainsi, à l'inverse, le judaïsme, advenu en premier dans l'univers des religions monothéistes, ne doit s'arroger aucune gloire de cette primauté.

Une critique de l'idée de Vérité Dès lors, ce que font éclater les personnages de Sfar – le chat, le perroquet, le cheikh et le rabbin, les peintres et les musiciens, le lion et l'âne, Dieu et la belle Zlabya, sa cousine Knidelette et leurs prétendants respectifs –, c'est la notion de Vérité. Ils la mettent en morceaux, ils en soulignent le danger et le leurre, sa manipulation et son utilisation idéologique. Mais au lieu de produire un discours philosophique et critique sur cette question mille fois énoncée et mille fois oubliée, c'est un récit mis en images qui est proposé, un récit qui questionne d'emblée l'image elle-même, qui interroge la représentation et son soi-disant interdit dans le judaïsme. Un récit où la métaphysique est lecture, interprétation, désir, érotisme, et non pas seulement lois, rites et spiritualité méditative.

On s'attache particulièrement à ce chat qui pousse les humains dans leurs contradictions, sans méchanceté, sans perversité, un chat toujours en situation, d'où sa crédibilité, un chat qui sait nous faire réfléchir sans superficialité à l'amour, à l'égoïsme, à la trahison, à la violence, à la transgression et aux conflits latents entre les générations successives et les différentes cultures.

La dialectique du chat et du perroquet Le chat est la conscience critique que chacun porte en soi. Nous sommes tous ce chat qui parfois se tait par ignorance ou par manque de courage, par prudence ou par respect des anciens, jusqu'au jour où nous nous apercevons que les anciens peuvent, certes, être sages et savants, mais, somme toute, qu'ils sont humains comme nous, fragiles, avec leurs peurs, leurs désirs, leurs frustrations, leur bêtise et leurs colères. Qu'ils peuvent aussi être prisonniers de leur propre idéologie et devenir de simples perroquets de la tradition, sans innovation, sans confrontation à la modernité, aux changements sociaux, technologiques, philosophiques ou politiques. Ce jour-là, notre chat intérieur s'éveille, prend son courage à deux pattes, mange le perroquet et se met à parler.

Dialectique du chat et du perroquet, dialectique difficile entre tradition et nouveauté, entre vérité et sens, qui se déploiera dans un dialogue permanent, et parfois impertinent, dans des discussions où il ne s'agit pas d'avoir tort ou raison, mais avant tout d'être capable d'écouter, c'est-à-dire d'être capable de respect. Dans des échanges où nous acceptons aussi, surtout, de nous être trompés, de nous remettre en question!

Le Chat du rabbin ne se moque ni des religions, ni des juifs, ni des rabbins, ni de quiconque, mais tient la position d'une vigie face à toutes les dérives et les déviances de l'humaine condition. Sa critique n'est pas destructrice mais lucide et tendre. Car il y a beaucoup de tendresse dans cette œuvre, sans mièvrerie, sans consensus mou, sans globalisation théologique. L'œuvre de Sfar invite à penser, à réfléchir, à s'interroger, à trouver de nouveaux chemins de vie, à construire un monde plus doux et plus tranquille, plus passionnant et plus fécond, plus ouvert et plus tolérant.

Joann Sfar, un Talmud du XXIe siècle «Faire sa *bar mitsvah*», c'est cela que le chat espère dès le premier volume du *Chat*, c'est cela qu'il désire: grandir, non pas dans la solitude, l'enfermement et la folie d'avoir raison, mais dans la rencontre et l'ouverture, la lecture infinie des textes, la joie de leurs confrontations et de leurs interprétations.

Notre chat philosophe écrit sans aucun doute quelques nouveaux traités du Talmud. Oui! Joann Sfar écrit un «Talmud du XXIe siècle». Formule sérieuse et humoristique à la fois qui signifie que, par son ampleur et son contenu, cette œuvre permet une entrée dans le judaïsme, tant sur le plan de sa pratique que sur celui de ses concepts théoriques. Un judaïsme ouvert au questionnement, au doute, «non envahi par Dieu», comme aurait dit le philosophe et théologien allemand Franz Rosenzweig, un judaïsme empreint d'humour et de liberté, inventif et profond, révolutionnaire et fidèle à la tradition. Bref, un judaïsme riche en paradoxes et en contradictions, porté par des personnages attachants et charmants, charmeurs aussi, animés par un trait vif et joyeux, sérieux et dansant!

ALGER MAIS AUSSI KIEV ET ODESSA Il y a chez Sfar, dans son approche du judaïsme et de la vie en général, une coalition des cultures, une rencontre entre l'Orient et l'Occident. Ses racines séfarades et ashkénazes sont passées par là. Et, dès lors, ce n'est pas seulement la musique du oud et des orchestres judéo-andalous qui se fredonne dans les bulles des nombreux tomes de son œuvre, mais aussi tout le swing de la langue yiddish, de la musique klezmer, ce style musical des orchestres itinérants ashkénazes, souvent hassidiques, souvent clarinettistes, «qui, à force de s'imprégner de différentes influences folkloriques dans toute l'Europe de l'Est, a fini par devenir unique et reconnaissable entre tous: une sorte de *jazz manouche* nostalgique et espiègle à la fois. [...] tour à tour enlevé puis émouvant, plaintif puis drôle. On y trouve des ruptures de rythme, des rêveries, des improvisations[1]».

UNE NOTE MESSIANIQUE L'œuvre de Sfar montre bien comment le klezmer se promène de duo en quartet, de trio en clarinette, de swing en swing, de thèmes en chorus, dans la nostalgie toujours renouvelée d'un «j'aime les profondeurs de l'*âme tzigane*». Le klezmer est une musique au temps déchiré, une musique en haillons, une musique en rouge et blanc, sang sur neige, qui a l'humour et la nostalgie de Charlie Chaplin.

Le klezmer, c'est le jazz du yiddish!

Le klezmer, c'est le yiddish de la musique!

Dans la musique klezmer, la note qui sera jouée n'est jamais prévisible. «Mille fois jouez la même ritournelle, que mille fois elle soit unique[2]», comme le dit Sfar. Et n'est-ce pas cette note que l'on peut dire messianique? La note attendue qui ne vient jamais, inattendue quand on ne l'espérait plus...

LE KLEZMER SE CONJUGUE À L'INATTENDU... Le klezmer est la version musicale de l'humour juif: ce droit à la remise en question des valeurs, à leurs détournements, ce droit à l'honnêteté d'être un humain traversé par ses passions, ses doutes, ses négations, et toujours porté par la grandeur de ses exaltations, par la chance et la merveille des rencontres, impromptues, musique oblige! Une musique à la fois sacrée et profane, plus profane que sacrée et plus sacrée que profane, toujours plus et toujours moins à la fois.

1 Jérôme Briot, «À l'image de la musique...», *Bdgest.com*, 26 janvier 2006.
2 Joann Sfar, *Klezmer*, t. 1: *Conquête de l'Est*, Paris, Gallimard, coll. «Bayou», 2005, planche 9.

Pour Sfar, le klezmer, c'est aussi une tournure du corps, une démarche, une manière de se relever, de retrouver sa dignité, sa droiture, sa verticalité. Le klezmer, c'est une attitude !

L'œuvre de Sfar est une injonction à *klezmériser* sa vie à ne pas avoir peur de la *klezmérisation* du bonheur !

SARCASMES PHILOSOPHIQUES D'UN CHAT DE RABBIN SUR L'ALGÉRIE, LES JUIFS, LES DIEUX ET… L'AMOUR

—

Ewa Tartakowsky

Nous sommes dans un Alger d'avant la Seconde Guerre mondiale, où vit un chat hédoniste, athée et amoureux de sa maîtresse, Zlabya, la fille du rabbin. *Alter ego* de l'auteur, ce malicieux félin nous entraîne avec lui dans ses *Lettres persanes*, pour partager ses étonnements et ses perplexités face aux croyances religieuses, à leurs folies, aux dérives surprenantes de l'intelligence humaine. Double voyage, donc: dans le monde immatériel des doctrines et dans celui, bien concret, de l'Algérie coloniale.

Dès les premières pages, on devine la grande synagogue d'Alger, la mosquée de la Pêcherie Jamaa al-Jdid, la statue équestre du duc d'Orléans. C'est un monde séfarade aux référents maghrébins, dessiné et raconté avec une tendresse matinée d'ironie. C'est également un monde juif encastré dans un univers colonial qui cloisonne et détermine d'emblée des communautés. En participe le décret Crémieux[1] qui naturalise collectivement les juifs algériens, modifiant ainsi les relations sociales et le regard qu'ils portent sur eux-mêmes. Comme le résume le rabbin du rabbin, «dans cette Algérie où l'on nous a transformés en Français planait le spectre de l'assimilation. […] L'assimilation, c'est quand on se met à vivre comme tout le monde[2]». C'est ainsi que, sous le regard hilare des vendeuses, la mère du rabbin du rabbin s'efforce littéralement d'entrer dans une robe dans une boutique française, «parce que je suis française et une Française [dit-elle], elle peut plus s'habiller comme ça[3]».

De fait, ce processus de francisation ne va pas de soi. Chez Sfar, il alimente la critique acerbe d'un ethnocentrisme occidental et colonial. Comme le paraphrase le chat, «la pensée occidentale est une machine préhensible, prédatrice et, en dernière analyse, destructrice, m'explique mon maître. Elle met des noms sur les choses, des étiquettes, comme pour dire "Ces choses font partie de mon système, je les ai comprises"[4]». L'infantilisation du rabbin lorsqu'il doit se soumettre à l'ordre d'un rationalisme exogène pour devenir un rabbin consistorial – lors d'une dictée et dans une école – manifeste cette volonté d'ordonnancement du monde, absurde aux yeux du chat: «[…] pour faire la prière en hébreu à des juifs qui parlent arabe, ils veulent que tu écrives en français; alors pour moi, ce sont des fous[5].» Car la pluralité du judaïsme n'est pas forcément synonyme d'ouverture et de compréhension. Le rabbin appréhende la venue d'«un rabbin tout blanc et sans barbe […] [qui] prendra ma place avec ses chaussures à lacets. […] À la place des "A", il dira "O" et il ne connaîtra pas nos chants[6]». Un juif russe sécularisé et révolutionnaire, en quête de la Jérusalem des Falashas et qui épousera une esclave africaine non juive convertie

1 Le 24 octobre 1870, ce décret, inspiré par Adolphe Crémieux, député et un des fondateurs de l'Alliance israélite universelle, accorde collectivement aux juifs algériens la nationalité française. Ce faisant, il les transforme en citoyens, leur ouvre l'école républicaine, dont l'enseignement est délivré en français, et les carrières de la fonction publique, améliorant considérablement leur condition sociale. Cette mutation juridique est l'aboutissement du projet de «régénération» porté par les Français israélites et formalisé dans un rapport publié en 1842 par Jacques-Isaac Altaras et Joseph Cohen, qui, suite à un voyage en Algérie, plaident pour l'octroi de la nationalité française à leurs coreligionnaires.

2 Joann Sfar, *Le Chat du rabbin*, t. 10: *Rentrez chez vous!*, Paris, Dargaud, coll. «Poisson pilote», 2020, pl. 14.

3 *Ibid.*, pl. 11.

4 *Le Chat du rabbin*, t. 1: *La Bar-Mitsva*, Paris, Dargaud, coll. «Poisson pilote», 2002, pl. 25.

5 *Le Chat du rabbin*, t. 2: *Le Malka des Lions*, Paris, Dargaud, coll. «Poisson pilote», 2002, pl. 12.

6 *Ibid.*, pl. 23.

pour lui au judaïsme, soulèvera l'incrédulité du rabbin face à des «juifs noirs»: un «péché[7]».

La France organise aussi les relations judéo-musulmanes. Avec le décret Crémieux, «elle a dit aux juifs: dorénavant, vous êtes français. Et elle a dit aux Arabes: vous, non[8]». En s'emparant du souvenir des émeutes antijuives de Constantine en 1934, Sfar rappelle cette rupture lorsque le chat évoque une «émeute d'arabes»: «Ils en avaient après les Français, mais comme les Français étaient trop forts, ils ont débarqué dans le quartier des juifs avec des piques et des fusils[9].» La mise en parallèle des colonialismes français et britannique à l'égard des juifs – ici en Algérie, là-bas en Palestine – permet aussi de découvrir le poids du projet colonial dans la diffusion de l'antisémitisme dont l'abrogation du décret Crémieux par le gouvernement de Vichy n'est qu'une manifestation[10]. Sfar l'illustre d'une page, avec deux images seulement, chargées d'histoire et d'émotion, dont le ton diverge du style humoristique habituel. On y voit une ruelle d'Alger avec un portrait de Pétain, ainsi qu'un bateau acheminant des juifs vers la Palestine mandataire. Le commentaire du chat se fait pour une fois grave: «Le décret Crémieux sera abrogé le 7 octobre 1940, date à laquelle les juifs d'Algérie seront déchus de leur nationalité française. La déclaration Balfour s'est conclue par le Livre blanc de 1939, limitant drastiquement l'immigration juive en Israël, au plus fort des persécutions nazies[11].»

De fait, la présence européenne met fin à une coexistence relativement harmonieuse des communautés juive et musulmane, bien que marquée par le rapport de domination instauré par le statut de *dhimmi*[12], conféré aux juifs et aux chrétiens en terres d'Islam. «Eh bien même chez nous qui étions ce qui se faisait de moins considéré en Algérie», se rappelle le rabbin[13]. Juifs et musulmans n'habitent pas les mêmes quartiers. D'où l'étonnement du chat quand un disciple du rabbin s'aventure dans le quartier arabe: «Qu'est-ce qu'il va fiche là-dedans? Il veut qu'on retrouve sa tête au bout d'une pique, ou quoi[14]!»

Mais tout en francisant les juifs et en instituant une distinction statutaire entre juifs et musulmans, le regard occidental continue paradoxalement d'orientaliser les juifs. El Rebibo, le neveu du rabbin, rencontré à Paris, se travestit en arabe «parce que pour faire le juif, il faut l'accent polonais, et je sais pas le faire. Oui, parce que juif du Maghreb, ça ne les intéresse pas trop, les gens, ça leur complique[15]». Juif et arabe, arabe et juif, juif-arabe? «Là-bas [à Nice], tu pourras te faire traiter de sale juif ET de sale Arabe», plaisante Zlabya pour consoler Jules qui s'est fait traiter d'«arabe[16]». Ce regard raciste posé sur Jules se dévoile dans une sorte de double «exil»: un voyage en Israël, supposé «retour» de l'exil fondateur, se transforme en aliénation, alors même que Zlabya, désormais grand-mère, vit déjà en France métropolitaine.

Le Chat du rabbin n'est pas une œuvre nostalgique ou communautariste. Elle dépeint certes des réalités maghrébines, mais fait rire celles et ceux qui partagent, un tant soit peu, quelques références du monde juif et une certaine aversion pour la religiosité. En virtuose achevé du pilpoul, ce débat pratiqué dans les écoles talmudiques, le chat du rabbin n'en finit pas d'interroger l'immensité de la bêtise d'un genre humain dont il se refuse à désespérer.

7 *Le Chat du rabbin*, t. 5: *Jérusalem d'Afrique*, Paris, Dargaud, coll. «Poisson pilote», 2006, pl. 33.

8 *Le Chat du rabbin*, t. 10: *Rentrez chez vous!*, *op. cit.*, pl. 71.

9 *Le Chat du rabbin*, t. 2: *Le Malka des Lions*, *op. cit.*, pl. 16.

10 *Le Chat du rabbin*, t. 10: *Rentrez chez vous!*, *op. cit.*, pl. 74.

11 *Idem.*

12 Le statut de *dhimmi* («protégé») trouve sa source dans le Coran. Il régit la condition des «gens du Livre» (les chrétiens et les juifs) en terres d'Islam. Ceux-ci peuvent pratiquer leur religion librement à condition de payer, en échange de la sauvegarde de leur vie et de leurs biens, des taxes spécifiques.

13 *Le Chat du rabbin*, t. 3: *L'Exode*, Paris, Dargaud, coll. «Poisson pilote», 2003, pl. 43.

14 *Le Chat du rabbin*, t. 1: *La Bar-Mitsva*, *op. cit.*, pl. 43.

15 *Le Chat du rabbin*, t. 3: *L'Exode*, *op. cit.*, pl. 26.

16 *Le Chat du rabbin*, t. 10: *Rentrez chez vous!*, *op. cit.*, pl. 82.

Caminito
La Comparsita

DOUBLE PAGE PRÉCÉDENTE
Joann Sfar (scénario et dessin), *Le Chat du rabbin*, t. 1 : *La Bar-Mitsva*, détail de l'illustration de couverture, 2002, encre de Chine sur papier, 32 × 24 cm

PAGE DE GAUCHE
Joann Sfar (scénario et dessin), *Le Chat du rabbin*, t. 1 : *La Bar-Mitsva*, détail de la pl. 3, 2002, encre de Chine sur papier, 32 × 24 cm

Joann Sfar (scénario et dessin), *Le Chat du rabbin*, t. 1 : *La Bar-Mitsva*, 2002, encre de Chine sur papier, 32 × 24 cm

«[...] mon chat n'est pas juif. Mon chat est dans cette situation où sont tous les enfants quand ils apprennent la religion de leurs parents, il y a encore le sentiment d'une étrangeté. [...] Et puis, c'est un grignoteur, c'est un mangeur. Moi, ce que j'ai voulu faire, c'est inviter mon lectorat dans une famille juive [...]. Or, pour moi, il y a un non-événement de la vie quotidienne d'une famille dans sa spiritualité, dans sa nourriture, dans ses disputes. Et *Le Chat*, c'était l'occasion d'arriver, j'allais dire, comme une petite souris, à une table de *shabbat* et de voir à quel point il s'y passe la même chose que dans tous les catéchismes. Et évidemment, il y a une spécificité du folklore, de tout ça, mais je lutte contre l'exotisme. J'utilise une imagerie coloniale pour montrer au contraire le quotidien. Donc, il y a une invitation finalement très peu intellectuelle, c'est: viens manger à la maison.»

«Joann Sfar et l'art du combat, 1/2», *Talmudiques*, France Culture, 25 septembre 2022

Joann Sfar (scénario et dessin), *Le Chat du rabbin*, t. 1 : *La Bar-Mitsva*, 2002, encre de Chine sur papier, 32 × 24 cm

Joann Sfar (scénario et dessin), *Le Chat du rabbin*, t. 3 : *L'Exode*, 2003, encre de Chine sur papier, 32 × 24 cm

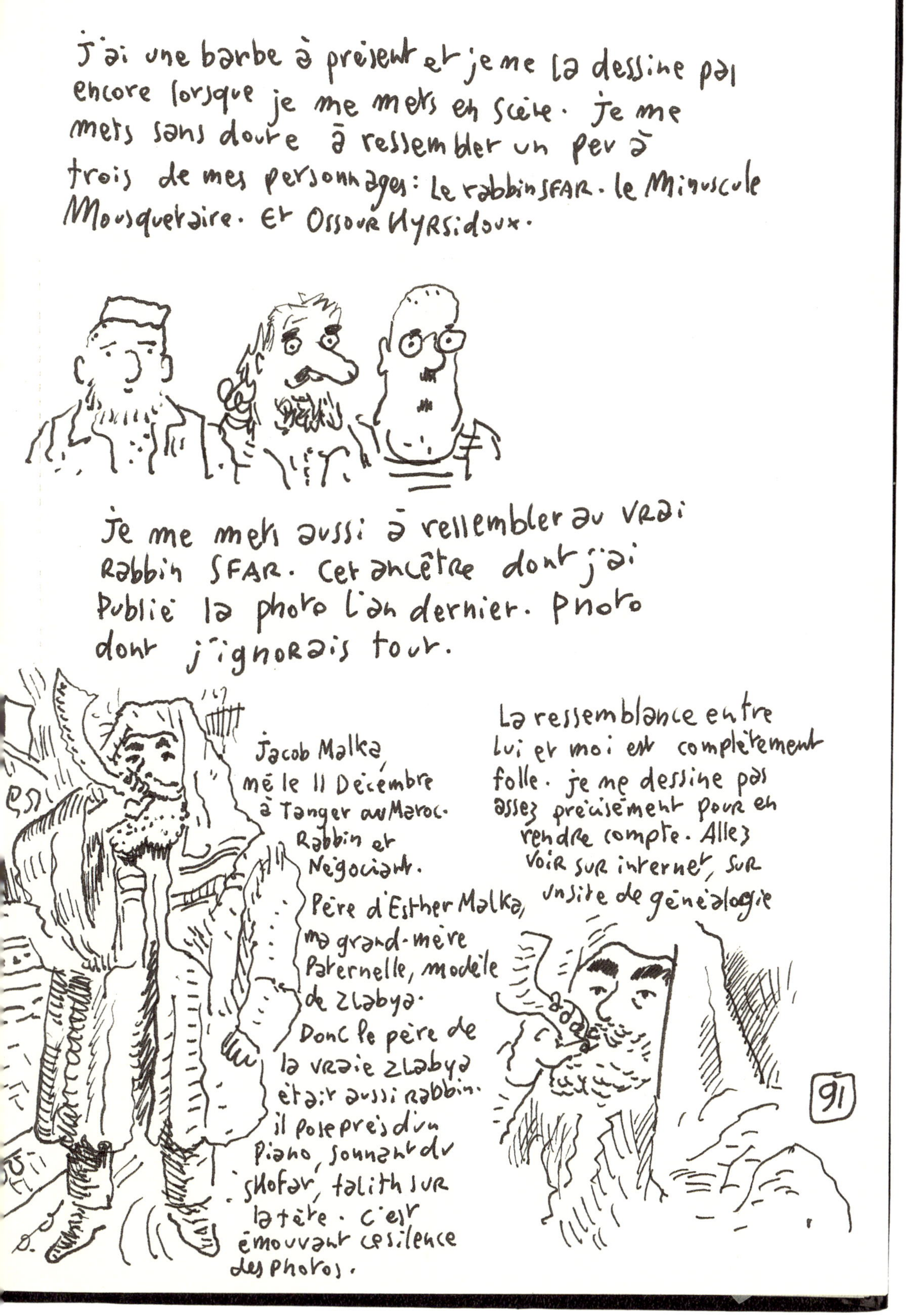

 Joann Sfar, carnet de dessin partiellement reproduit dans *Comment maigrir*, 2021, encre de Chine et crayon sur papier, 21,5 × 15 cm

Joann Sfar (scénario et dessin), *Le Chat du rabbin*, t. 5 : *Jérusalem d'Afrique*, 2006, crayonné de la pl. 48, stylos de couleur, 32 × 24 cm

Joann Sfar (scénario et dessin), *Le Chat du rabbin*, t. 5 : *Jérusalem d'Afrique*, 2006, encre de Chine, 32 × 24 cm

Joann Sfar (scénario et dessin), *Le Chat du rabbin*, t. 10 : *Rentrez chez vous !*, 2020, illustration de couverture, encre de Chine sur papier, 42,2 × 29,4 cm

Joann Sfar, carnet de dessin partiellement reproduit dans *Harmonica*, 2002, encre de Chine, crayon et aquarelle sur papier, 21,5 × 15 cm

Joann Sfar (scénario et dessin), *Le Chat du rabbin*, t. 12 : *La Traversée de la mer Noire*, 2023, encre de Chine sur papier, 32 × 24 cm

Joann Sfar (scénario et dessin), *Le Chat du rabbin*, t. 12 : *La Traversée de la mer Noire*, 2023, illustration de couverture, encre de Chine sur papier, 42 × 29,5 cm

LES DRAMES

Pendant ashkénaze au *Chat du rabbin*, la série *Klezmer*, écrite, dessinée et coloriée par Joann Sfar, et dont le premier volume est publié en 2005, s'inspire de l'histoire de sa famille maternelle juive ukrainienne.

Le klezmer est la tradition musicale des juifs d'Europe orientale – une musique de l'exil imprégnée de différentes influences. La série *Klezmer* raconte l'errance d'un groupe de quatre musiciens juifs et de la chanteuse Hava fuyant les pogroms de la région d'Odessa vers 1900. Les quatre premiers albums, tout en évoquant les violences, font la part belle à l'amour, à l'amitié, aux fêtes et aux menus larcins dont vit la troupe. Le dernier tome, *Kishinev-des-fous*, publié en 2014, est plus sombre, avec en toile de fond le pogrom de Kichinev (actuelle Chișinău, capitale de la Moldavie) qui fit près de cinquante morts, plus de cinq cents blessés et détruisit sept cents maisons et boutiques en 1903. Sfar imagine le personnage de Bialik, écrivain envoyé sur les lieux afin de témoigner des horreurs perpétrées par les pogromistes, inspiré de l'écrivain Haïm Nahman Bialik (1873-1934), qui appela à la résistance dans son poème *Dans la ville du massacre*, rédigé en hébreu et en yiddish.

En 2010, Sfar poursuit son exploration du *yiddishland* avec *Chagall en Russie*, un conte dont le héros, nommé Marc Chagall, vit dans un *shtetl* en Russie, à l'aube de la révolution. Avec un art de la fiction détaché de la précision biographique, il imagine une histoire exubérante et poétique qui ne masque pas les violences et les massacres subis par les juifs.

La dénonciation de l'antisémitisme est une constante dans l'œuvre de Sfar, que ce soit en Algérie avec *Le Chat du rabbin*, en Russie avec *Chagall* ou *Klezmer*, ou encore en France avec *La Synagogue*.

 Joann Sfar, carnet de dessin partiellement reproduit dans *Les enfants ne se laissaient pas faire*, 2022, encre de Chine, crayon et aquarelle sur papier, 21,5 × 15 cm

LA *YIDDISHKEIT* DANS LE CYCLE *KLEZMER*

—

Arnaud Bikard

Dans *Klezmer*, Joann Sfar interroge un héritage ashkénaze fait de beauté et de violence, de musique et de traumatismes. Les personnages errent sur les routes d'Europe orientale avant de s'unir à Odessa et de chercher l'impossible réponse aux violences antijuives dans un train pour Kishinev[1]. Ils sont les descendants des héros du plus grand succès du cinéma yiddish, *Yidl mitn fidl*[2] [Yidl et son violon]. Comme les personnages du film, ceux de la bande dessinée font ensemble l'apprentissage de la liberté et de la transgression, de l'amour et de la désillusion, tout cela en chansons. Les cinq volumes regorgeant de classiques du répertoire de la chanson yiddish, leurs héros pourraient partager la devise des musiciens vagabonds du film chantée par Molly Picon, travestie en garçon, sur des paroles du poète Itsik Manger:

Dos lebn iz a lidl
To vos zhe zayn in kas ?
Hey, yidl fidl shmidl
Hey, dos lebn iz a shpas[3].

[La vie est une chanson,
Alors, pourquoi se mettre en rage?
Hé, Yidl, violon, shmiolon,
La vie est une blague.]

De tous les poètes yiddish, c'est Itsik Manger qui est le plus proche de l'univers de Sfar[4]. Dans son roman *Le Livre du paradis*, dans ses poèmes lyriques ou bibliques, celui qu'on nomme le troubadour, le vagabond des lettres yiddish, marie humour et anachronisme, amour et tragique. On retrouve toute l'espièglerie de Manger dans l'image de l'Ange de la Mort qui, tombant amoureux de Hava, à la fin de *Bon anniversaire Scylla*[5], permet à la vieille dame de partir pour la terre d'Israël.

Le goût du décalage créatif et de l'hybridation culturelle conduit Sfar à représenter son tzigane au grand cœur, Tchokola, judaïsant ses contes chrétiens en y déguisant de façon hilarante les rois en rabbins. Il retrouve là une pratique narrative essentielle que Manger a beaucoup illustrée, lui qui faisait vivre les patriarches bibliques dans les *shtetlekh* et paysages de son enfance en Bucovine[6].

Le cycle *Klezmer*, c'est aussi la rencontre de jeunes gens juifs avec une modernité où la pratique religieuse est remplacée par les passions charnelles et esthétiques. Yaacov et Vincenzo, tous deux jeunes talmudistes renvoyés de leurs écoles religieuses, reproduisent le destin de générations entières de peintres et d'écrivains. Isaac Bashevis Singer[7] en offre une image canonique lorsqu'il décrit la façon dont, âgé d'une douzaine d'années et encore doté d'un long caftan et de papillotes,

1 Actuelle Chişinău, capitale de la Moldavie, théâtre d'un pogrom en 1903.
2 James Hoberman, *Bridge of Light. Yiddish Film Between Two Worlds*, Lebanon, University Press of New England, 2010, p. 238-243.
3 Aharon Vinkovetzky et Abba Kovner, *Anthology of Yiddish Folksongs*, Jérusalem, Magnes Press, 2004, p. 24. Les traductions du yiddish sont dues à l'auteur de l'article.
4 Itsik Manger (1901-1969) fut sans doute le poète yiddish le plus populaire de l'après-Seconde Guerre mondiale. À sa mort, un prix portant son nom fut créé en Israël pour honorer les personnalités illustrant le mieux la culture yiddish.
5 Joann Sfar, *Klezmer*, t. 2: *Bon anniversaire Scylla*, Paris, Gallimard, coll. «Bayou», 2006.
6 Voir par exemple: Itsik Manger, *La Meguilla d'Itsik*, Paris, Centre Medem, 2015.
7 Le romancier Isaac Bashevis Singer (1904-1991) reçut le prix Nobel de littérature en 1978. Après avoir vécu essentiellement à Varsovie, il émigra aux États-Unis en 1935 et devint un portraitiste hors pair tant du monde traditionnel que de la modernité juive.

il visite l'atelier de son grand frère (le futur écrivain Israel Joshua Singer). Il y reste stupéfait par les mœurs de la bohème artistique: «Les filles posaient nues sans plus de gêne que si elles se déshabillaient dans leur chambre. En fait, cet atelier, c'était le Jardin d'Éden, avant qu'Adam et Ève aient goûté au fruit défendu. Ces jeunes qui parlaient tous yiddish se comportaient aussi librement que des chrétiens[8].»

Odessa, où se déroulent trois des cinq albums, est un cadre idéal pour accueillir les aventures des protagonistes de *Klezmer*. C'est bien sûr la ville dans laquelle mûrit le sionisme moderne, la ville de l'écrivain Isaac Babel, si présent dans l'univers de Sfar[9], mais c'est aussi la ville dont un proverbe yiddish dit: «À dix milles d'Odessa, brûle l'enfer.» Ville de liberté radicale et donc de péchés cardinaux pour les religieux, Odessa est également la ville de tous les rêves pour les juifs modernes qui, tels nos héros dans la maison de la vieille dame, espèrent vivre, selon les mots d'un autre proverbe, «comme Dieu à Odessa[10]».

Si le cycle s'achève sur la déception d'un salut poétique impossible face aux pogroms, le vieux poète de *Kishinev-des-fous*[11] mourant par lâcheté, il s'ouvre sur l'espoir enivrant de l'amour entre Yaacov et Hava. Constamment sur le fil de la tragique histoire ashkénaze, la liberté de *Klezmer* est celle de la poétesse yiddish des années 1920 Celia Dropkin[12], qui s'est représentée sous les traits d'une artiste de cirque, sœur de la femme voltigeuse de *Trapèze volant!*[13]:

Je suis une dame de cirque
Et danse au milieu de poignards,
Dressés sur l'arène
La pointe vers le haut.
Mon corps souple et léger
Fuit la chute mortelle
Frôlant à peine la lame des poignards.
Le souffle coupé, on observe ma danse
Et quelqu'un là-bas prie Dieu pour moi[14].

C'est cette vision de la poétesse que retrouve *Klezmer* en unissant dans l'ivresse le danger, la musicalité et la sensualité.

8 Isaac Bashevis Singer, *Au tribunal de mon père*, Paris, Mercure de France, 2007, p. 321.
9 Isaac Babel, auteur juif russe, puis soviétique, de tout premier plan, contribua grandement à l'édification du mythe d'Odessa, en particulier au travers de ses récits dans lesquels il met en scène les bandits juifs au grand cœur des quartiers populaires.
10 Nahum Stutchkoff, *Der oytser fun der yidisher shprakh*, New York, Yivo, 1950, p. 109: «*gegnt*», p. 497: «*guter matsev*».
11 Joann Sfar, *Klezmer*, t. 5: *Kishinev-des-fous*, Paris, Gallimard, coll. «Bayou», 2014.
12 La poétesse yiddish moderniste Celia Dropkin (1888-1956) publia ses poèmes dans les revues d'avant-garde new-yorkaises avant de les rassembler dans le recueil *In heysn vint* (1935).
13 Joann Sfar, *Klezmer*, t. 4: *Trapèze volant!*, Paris, Gallimard, coll. «Bayou», 2012.
14 Celia Dropkin, *Dans le vent chaud*, Paris, L'Harmattan, «Poètes des cinq continents», 1994. Les traductions du yiddish sont dues à l'auteur de l'article.

LES RÉPONSES GRAPHIQUES ET NARRATIVES AU DRAME

—

Avishag Zafrani

La vie submergée par des « aberrations [qui] nous semblent normales[1] » décrite dans *Le Dernier Juif d'Europe* semble répondre à ce que Joann Sfar nomme la permanence tragique des choses, reprenant au philosophe Clément Rosset une idée que ce dernier tenait du pessimisme sophistiqué d'Arthur Schopenhauer. Cette permanence prend une tournure particulière dans notre actualité, qui nous insère bon gré mal gré dans un flux informatif banalisant la réalité et la signification des drames, atrophiant notre capacité à nous positionner. Le fil du livre *Le Dernier Juif d'Europe* rejoint un des derniers carnets de Sfar, *Les enfants ne se laissaient pas faire* ; il permet de distinguer la dimension tragique des forces sinistres d'une pulsion de mort à laquelle il faut répondre. La tragédie, comme le disait le réalisateur Elia Kazan, est la confrontation de deux forces égales – elle confine au sentiment de fatalité que les Grecs ont décrit dans le théâtre tragique. Mais les forces sinistres et mortifères de la haine et de la joie de la destruction tentent de prendre le pas sur les forces de vie et obéissent à des logiques archaïques, monstrueuses, qui dépassent la tragédie, parce qu'elles pourraient ne pas être.

L'irruption de la guerre en Europe le 24 février 2022 est au cœur du dernier carnet, peut-être l'un des plus personnels et bouleversants de Sfar. L'Ukraine est attaquée par la Russie au nom d'une prétendue « dénazification ». Dès lors, une diffraction de l'histoire se déploie, qui juxtapose des mémoires inconciliables, celle d'une Ukraine confrontée aux vestiges de la domination soviétique, la mémoire juive, la Shoah par balles. Faut-il ainsi se « dé-souvenir », comme le dit le philosophe Jean-Claude Milner, de la Shoah par balles pour soutenir pleinement l'Ukraine sur le front européen aujourd'hui ? Il est possible de trouver une troisième voie et de faire exister les mémoires en dépliant l'histoire. Les temps se rencontrent, au carrefour des massacres actuels et passés et de la mémoire familiale de Sfar. On apprend que la famille de son grand-père maternel, Arthur Haftel, médecin résistant, a disparu en 1941, non loin de Lviv. Ce même aïeul qui rassurait Joann enfant en lui disant que l'on ne combat pas Hitler avec ses parties génitales (entendre : se libérer de l'injonction de se marier avec une femme juive) et qui lui rappelait que les forces morbides contre lesquelles il faut lutter ne se limitent pas à Hitler. Comment fait-on en tant que « dessinateur derrière sa table[2] » ? Sfar exhume des figures mythiques de la rage et de la résistance juive, comme le poète, écrivain et partisan juif lituanien Abba Kovner. Dans ce carnet, il aborde l'histoire de sa famille disparue, en fait assassinée, par le biais du livre de Wendy Lower[3], localisant les procédés de la Shoah par balles à partir d'une photographie de 1941, prise quelque part entre Kiev et Lviv, qui montre une femme – une mère tenant son fils par une main et protégeant un

1 Joann Sfar, *Le Dernier Juif d'Europe*, Paris, Albin Michel, 2020, p. 16.
2 Joann Sfar, *Les enfants ne se laissaient pas faire*, Paris, Gallimard bande dessinée, 2023, p. 225.
3 Wendy Lower, *Le Ravin. Une famille, une photographie, un massacre au cœur de la Shoah*, trad. de l'anglais par Johan-Frédérik Hel Guedj, Paris, Tallandier, 2022.

autre enfant, pliée sur lui – être abattue au bord d'un ravin, dans lequel elle entraînera ses enfants vivants – «ne pas "gâcher de balles" pour les enfants[4]». C'est à partir de cette photographie, révélant la destruction des familles par leurs voisins prenant le relais des *Einsatzgruppen* («groupes d'intervention», unités mobiles d'extermination), que Sfar s'autorise pour la première fois à dessiner la Shoah. L'apparition du fait généalogique permet de représenter la destruction d'un peuple. Est ainsi formulée l'idée que les enfants doivent apprendre à ne pas se laisser faire. Le dessin prend le relais de l'indicible: sans doute a-t-il le pouvoir de conjurer les images qui accablent de douleur et de peine.

Sfar nous donne l'origine du dessin: lorsqu'un éléphant meurt, les autres membres du groupe se réunissent autour de son corps et en manipulent les os, peut-être pour essayer de supporter cette réalité. Et Sfar nous rappelle le vœu de Marc Chagall: que les juifs de son village vivent en sécurité dans ses tableaux. Puis il y a la narration. Les éléphants sont aussi la représentation de la dimension de la vie, de la liberté sauvage et indomptée, mobilisée par Romain Gary dans *Les Racines du ciel*. La pensée des éléphants devait aider Morel le maquisard, lors de sa déportation, à supporter les tortures et à se déplacer mentalement en un lieu intérieur. À cet endroit de l'imagination romanesque, destituant les projets nihilistes des ennemis du genre humain, et du genre juif en particulier, nous retrouvons des hypothèses sur la mécanique de l'antisémitisme. Dans *Le Dernier Juif d'Europe*, nous suivons une famille aussi, et notamment un père submergé par l'antisémitisme qui veut cesser d'être juif, et même devenir antisémite. Il pourra alors expérimenter la fin du tragique en donnant une origine au mal. Il obéira à la logique monstrueuse de l'antisémitisme, représentée par cette masse polymorphe et souterraine qui se nourrit de sa propre haine, disant: «les juifs sont la cause de vos problèmes», utilisant les juifs pour se délester de toute culpabilité. La haine du juif est située entre une haine de la ressemblance et de l'étrangeté, écrit Sfar, elle est équivoque et renaît de ses propres contradictions; elle n'est pas non plus assouvie par la destruction des juifs. Comment nommer une force annihilatrice qui ne se repaît pas de sa destruction?

Une force en quelque sorte «magique», au-delà du monstrueux, serait la seule force susceptible de répondre et capable de renverser ces pratiques discursives anciennes qui se renouvellent sans cesse. Nous supposons que l'écriture et le trait prolifiques de Joann Sfar sont impliqués dans cette force narrative du renversement, accompagnée de *dibbouks*, mais aussi de golems, dans leurs versants protecteurs.

4 Joann Sfar, *Les enfants ne se laissaient pas faire*, *op. cit.*, p. 386.

Cette communauté a déjà son orchestre klezmer et c'est nous.
On veut pas de concurrence.
Barrez-vous ou on fait un carnage.
À cet instant, je me souviens avoir dit une sottise.
Allons vous ne tirerez pas sur d'autres juifs.
Ce furent sans doute ces quelques mots qui coûtèrent la vie à mes musiciens.
BLAM! BLAM! BLAM! BLAM!
J'eus la chance d'être protégé des balles par la tête de mon cheval.
Je parvins à me mettre à couvert avant qu'ils ne fichent le feu au chariot. Pas un de mes amis n'en réchappa.
Haw! Haw! Haw!

Joann Sfar (scénario et dessin), *Klezmer*, t. 1 : *Conquête de l'Est*, 2005, carnet 1, encre de Chine et aquarelle sur papier, 24 × 16 cm

«Je pense à mes pauvres héros de *Klezmer*. Plus je lis de témoignages directs sur Kishinev, plus je mesure la sauvagerie du lieu où je les envoie. Il y a des choses, je n'oserais pas les mettre en images. Je ne sais pas comment je vais raconter Kishinev. Ça ne fut pas le plus meurtrier des pogroms, mais par son déroulement et par ses répercussions dans le monde entier, il mérite qu'on le raconte. C'est étrange de suivre ce genre de chemin pour écrire un livre. Pour *Le Chat du rabbin*, c'est pareil. J'ai toujours envie de me borner à une histoire d'amour et on dirait que les personnages ne peuvent pas s'empêcher d'aller fourrer leur nez dans des choses qui donnent du chagrin.»

Les Carnets de Joann Sfar. Missionnaire, Paris, Delcourt, coll. «Shampooing», 2007, p. 186

Joann Sfar (scénario et dessin), *Klezmer*, t. 2 : *Bon anniversaire Scylla*, détail de la p. 59, 2006, carnet 2, encre de Chine et aquarelle sur papier, 24 × 16 cm

Regardez, monsieur Yaacov, des cavaliers!
ils viennent droit sur nous!
grimpez dans mon arbre, monsieur Yaacov, on sera en sécurité.
c'est un juif, celui qui se sauve dans la cariole?
celui dont la roue arrière vient de se casser?
celui que les autres traînent par les pieds?
je ne sais pas.
ils vont faire quoi avec cette corde, monsieur Yaacov, ils vont le pendre?
Oui, oui. il semblerait.

Joann Sfar (scénario et dessin), *Klezmer*, t. 1 : *Conquête de l'Est*, 2005, carnet 2, encre de Chine et aquarelle sur papier, 24 × 16 cm

Joann Sfar (scénario et dessin), *Chagall en Russie*, deuxième partie, détail de l'illustration de couverture, 2009, encre de Chine sur papier, 32 × 24 cm

Joann Sfar (scénario et dessin), *Chagall en Russie*, deuxième partie, 2009, p. 58, encre de Chine et crayon sur papier, 35 × 25 cm

LA MUSIQUE

Les parents de Joann Sfar étaient tous deux musiciens. André Sfar, dans sa jeunesse, gagnait sa vie à Alger en jouant du piano au Sphinx. Liliane Haftel, dite Lilou, chanteuse pop, a enregistré deux 45 tours chez Barclay. Au décès de cette dernière, la musique est interdite au jeune Joann, qui ne commencera une pratique instrumentale qu'à l'âge de trente ans. Il apprendra successivement l'harmonica, le ukulélé, la flûte, le banjo, la guimbarde, la guitare manouche, le violon… et se constituera une collection d'instruments. Certains d'entre eux – piano, ukulélé, harmonica, etc. – donneront leur nom aux « carnets » publiés à partir de 2002, dans lesquels on peut suivre ses différents apprentissages.

Les pages de ses carnets s'animent au son de l'Amsterdam Klezmer Band et des chansons composées avec Lewis Trondheim, les personnages de *Klezmer* traversent les tragédies en jouant et en chantant, Django Rheinhardt se réincarne en Jeangot Renart… La musique est partout présente dans l'univers de Sfar – et les musiciens, notamment Mathias Malzieu, leader du groupe Dionysos, y contribuent.

Son premier long métrage, *Gainsbourg (vie héroïque)*, pour lequel il obtient le César du meilleur premier film en 2011, est un hommage au musicien, en germe dans ses premiers travaux pour *Pascin*. L'évocation du parcours et des rencontres de Serge Gainsbourg avec les Frères Jacques, Boris Vian, Juliette Gréco ou Jane Birkin occupera une quarantaine de carnets préparatoires qui seront en partie publiés.

En 2011, Sfar est invité par la Cité de la musique à faire partager, avec Clémentine Deroudille, son admiration pour Georges Brassens, en concevant une exposition qui lui est dédiée. Il publie à cette occasion *Brassens ou La Liberté*, un livre qui associe photographie, bande dessinée, illustration, et ouvre la voie à de nouvelles expérimentations pour conjuguer musique et dessin.

Allo, Joann,
Oui
Au sujet du financement de nos films, on a du nouveau.
Ah
il y a un très gros groupe du Qatar qui souhaite investir sur nous,
Ah
Heu... j'efface quelques pages du journal de Merde et je te rappelle.
Il y a eu le cours de guitare
Arrête! Arrête de penser!
Je te jure que j'essaie.
C'est assez bizarre de réapprendre des choses qu'on a oubliées. ça fichait la frousse, il me force à faire les choses. pas réfléchir. pas me bloquer. il est très fort. Très souriant, il sait très bien comment me brusquer. il y a un mur d'angoisse à crever pour chercher de la musique derrière. On va se revoir.
Il faut pas chercher tout à la fois. Tu as juste deux morceaux, pour commencer
et je te les ai simplifiés. Quatre accords pour chaque. On va faire Minor Swing et Les Yeux Noirs
Mais avec chaque accord je vais te donner l'arpège qui l'accompagne.
Tu travailles tout ça. Rien d'autre. Tu t'éparpilles pas! Et surtout, tu réfléchis pas
Tu devrais être éditeur!

 Joann Sfar, carnet de dessin partiellement reproduit dans *Journal de merde*, [2013], encre de Chine, crayon et aquarelle sur papier, 32 × 24 cm

UNE POÉTIQUE SYNESTHÉTIQUE

—

Olivier Daviaud

Joann Sfar et moi sommes nés la même année, à vingt-cinq jours d'intervalle. À l'heure où, jeune adulte, je commençais à composer mes premières musiques, il avait déjà publié de nombreux ouvrages. Amateur de bandes dessinées, je les lisais depuis longtemps avec délectation – j'ai des souvenirs précis de ses *Carnets* et de la série *Grand Vampire* – quand, en 2009, notre ami commun Mathias Malzieu, leader du groupe de pop-rock *Dionysos*, provoqua notre rencontre. Sfar cherchait un musicien éclectique, curieux, pianiste et amoureux de la chanson française, qui pourrait composer simultanément la musique de ses deux premiers longs métrages, *Le Chat du rabbin* et *Gainsbourg (vie héroïque)*. Je fus engagé !

Musicien amateur lui-même, joueur de guitare et de ukulélé (petit instrument hawaïen à quatre cordes), hanté par le fantôme de sa mère chanteuse prématurément disparue, Sfar est doté d'une sensibilité particulière à la musique. Les formidables intuitions dont il fait preuve se révèlent particulièrement précieuses pour un compositeur. À chacune de nos collaborations – pour le cinéma, les expositions ou la radio –, ce sont ses fulgurances, bien plus encore que nos échanges pourtant fructueux, qui permettent à ma musique de franchir des sommets insoupçonnés, d'épouser au mieux ses récits, de figurer un prolongement sonore de ses images.

Pour la musique du film *Le Chat du rabbin* (2011), dont l'histoire se déroule en Algérie au début du siècle dernier, alors que j'avais déjà composé toute une série de thèmes, Sfar me suggéra de donner au piano une place centrale et de faire interpréter mes musiques, non seulement par des musiciens chaâbi, ce qui semblait naturel, mais aussi par l'Amsterdam Klezmer Band, groupe klezmer avec lequel il collabore, et, plus surprenant encore, par Enrico Macias, dont il écoutait les chansons depuis l'enfance. Ainsi, mon petit « folklore imaginaire » se trouvait sublimé par des musiciens ayant une connaissance parfaite des musiques évoquées, mais surtout, Sfar réalisait le mariage synesthétique des sons qui l'habitaient depuis toujours (le piano, la guitare d'Enrico Macias, les musiques juives d'Europe orientale…), de ses dessins et de son récit.

De même, lorsque nous commençâmes à travailler sur le long métrage d'animation *Petit Vampire* (2020), il lui apparut immédiatement que nous ne devrions pas nous limiter à la composition trop facile d'une musique « de monstres » convoquant harpes et chœurs de revenants sur des accords mineurs, mais que, racontant l'histoire d'un petit garçon vivant du côté de Nice, il serait intéressant de parsemer notre paysage sonore de mandolines et autres fifres jouant tarentelles et sardanes. Idée lumineuse ! Une fois encore, l'identité musicale du film s'en trouvait joyeusement altérée et Sfar pouvait évoquer son enfance par le son, et non uniquement par l'image et le texte.

Pour *Gainsbourg (vie héroïque)* (2010), Sfar avait imaginé, dès la première mouture du scénario, nombre de scènes purement musicales, toujours en lien étroit avec l'histoire qu'il voulait raconter. Il me décrivit sa vision d'un enchevêtrement des chansons *Je bois* de Boris Vian et *Intoxicated Man* de Serge Gainsbourg, chantées autour du piano par leurs auteurs logeant, le temps d'une nuit, chez les Frères Jacques. En quelques secondes, grâce à la mise en scène, mais plus encore à la faveur de cette « double-chanson », Sfar parvenait à retracer la rencontre, la complicité naissante de Vian et Gainsbourg, l'admiration du second pour le premier et le passage de relais donnant en quelque sorte la « permission » à Lucien Ginsburg de devenir Serge Gainsbourg. Pour ce même film, non seulement il avait « prévu » la première apparition de Brigitte Bardot en un plan-séquence montrant la comédienne déboulant en cuissardes dans un couloir de la Cité internationale des arts, mais avait également « entendu » simultanément résonner dans ce même couloir les trompettes triomphales du thème d'*Initials B.B.* pour accompagner la star.

Pour les génériques de l'émission de radio *Vous voyez le tableau* (France Inter, 2013-2014), Sfar me proposa d'inventer une musique dont l'origine serait le son du crayon sur le papier. Là encore, son intuition fit mouche : nous enregistrâmes celui-ci, et de la matière sonore et du rythme de ce crayon naquit une mélodie spatio-médiévale. Du chaos du crayon était née une musique organisée – et la forme rejoignait le fond.

Ainsi, dans la vie de Joann Sfar aussi bien que dans son œuvre, le récit, le dessin et la musique se nourrissent mutuellement, s'interpénètrent, comme différentes facettes d'une même poétique. Et ses suggestions, ses intuitions musicales – qui me paraissent souvent au premier abord surprenantes, dérangeantes, incongrues – donnent un nouvel élan, une nouvelle couleur à mes propres idées, les transfigurent. La musique peut alors achever de compléter son petit théâtre sensible.

ce matin, j'ai reçu mon nouveau ukulélé commandé sur ezfolk.com.

je peux pas m'empêcher de le dessiner grand mais il est minuscule.

c'est un ukebrand Ropebound soprano- une réplique fidèle de modèles "Kumalae" en vogue dans les années 20.

"Rope bound", ça veut dire qu'il y a un motif de cordage au milieu du manche.

il a des cordes à la tahitienne en nylon noir

je l'essaie immédiatement et le son me plaît. c'est presque aussi bien que le banjo-ukulele. l'instrument est dans un bois très léger et très dur, il produit un son simple, sec, vieillot, exotique, pas mièvre. Absolument rien à voir avec mon ukulele de Paris.

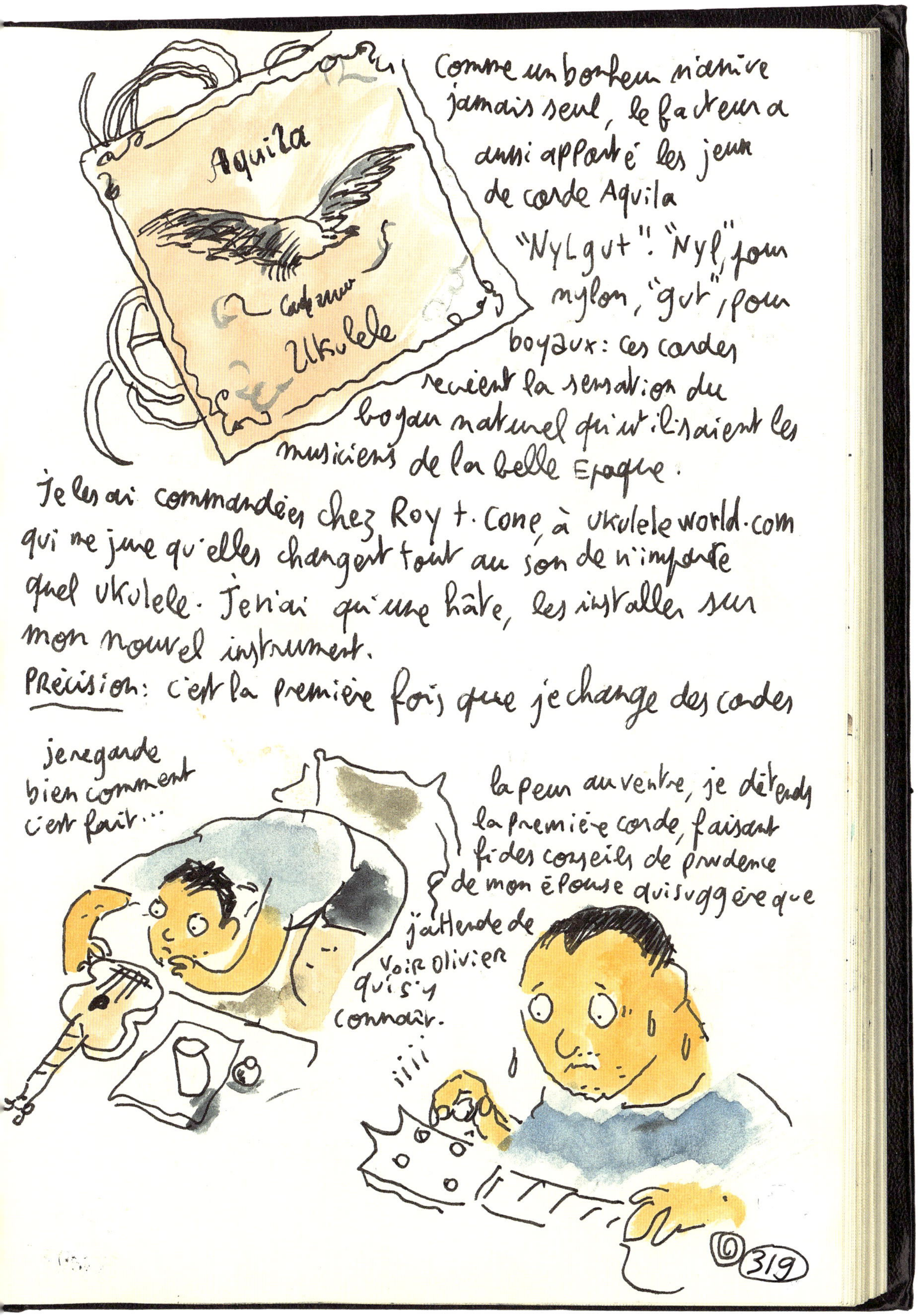

Joann Sfar, carnet de dessin partiellement reproduit dans *Ukulélé*, [2003], encre de Chine et crayon sur papier, 21,5 × 15 cm

Joann Sfar, *Serge Gainsbourg (vie héroïque)*, 2010, carnet, impression sur papier, 25 × 18,3 cm

Joann Sfar, dessin pour le tournage du film *Gainsbourg (vie héroïque)*, 2010, carnet, encre de Chine et aquarelle sur papier, 32 × 24,5 cm

Dans les loges JOANN se transforme en GEORGES BRASSENS
...ALORS J'AI DEMANDÉ S'IL FALLAIT ME COLLER DE LA FAUSSE SUEUR ET TOUT MAIS IL M'ONT DIT QUE NON PARCE QUE C'EST LE DÉBUT DU CONCERT.
PARCE BRASSENS, C'ÉTAIT UNE VACHE QUAND MÊME
IL SUAIT VACHEMENT.
HÉ HÉ
photo de BRASSENS (floue)
VOTRE QUICHE PEUT ATTENDRE. NE LAISSEZ JAMAIS VOTRE BÉBÉ SEUL SUR LA TABLE À LANGER. CECI EST UN MESSAGE À...
HI HI
NOUS ON A QUAND MÊME TOURNÉ TOUTE UNE SCÈNE AVEC BIRKIN QUI LAISSE SON BÉBÉ SUR UNE TABLE À LANGER...
ON VA TE COLLER LA PERRUQUE JOANN
France INFO
ÇA FAIT MAL?
La perruque de BRASSENS
histoire de perruque
la moustache de BRASSENS
J'ME RAPPELLE SUR UN TOURNAGE, UNE FOIS, DE NIRO IL M'A DEMANDÉ S'IL POUVAIT GARDER SA PERRUQUE POUR SORTIR...
T'ÉTAIS SUR UN TOURNAGE AVEC ROBERT DE NIRO !!?
OUI OUI
HÉ BIN, J'AI JAMAIS SU CE QU'IL VOULAIT EN FAIRE...
DE LA PERRUQUE.

Mathieu Sapin, carnet de dessins pour le tournage du film *Gainsbourg (vie héroïque)*, partiellement reproduit dans *Feuille de chou (journal d'un tournage)*, 2010, encre de Chine, crayon et aquarelle sur papier, 24 × 16,5 cm, collection Mathieu Sapin

«L'idée de faire une bande dessinée musicale m'intéresse énormément parce que la bande dessinée, c'est le monde du silence. Les dessinateurs comme Pratt ou Blutch ou Sempé qui tentent de mettre en scène la musique poussent le lecteur dans les cordes. Ils lui intiment l'ordre de réveiller son imaginaire poétique et de fabriquer de la musique silencieuse pendant sa lecture, comme si les dessins qu'ils proposent relevaient de l'écriture musicale.»

«Notes pour *Klezmer*, tome I, 29 avril 2005», *Klezmer*, intégrale 2, Paris, Gallimard bande dessinée, 2022, p. 13

Joann Sfar, carnet de dessin partiellement reproduit dans *Les Carnets de Joann Sfar. Maharajah*, [2008], encre de Chine, crayon et aquarelle sur papier, 21,5 × 15 cm

Joann Sfar, études pour l'exposition « Brassens ou La Liberté » à la Cité de la musique, 2011, carnet, encre de Chine et aquarelle sur papier, 32 × 24,5 cm

Le démon du dessin, un démon d'extrême Orient, vient me tarabuster. Ce Tengu Salvador DaliHokusaï trouve qu'il y en a assez, de me voir gratter anxieusement mes petites guitares, plutôt que dessiner.
marre de ta mauvaise musique banale. Redeviens fou de dessin.
Mais...
Tu n'es pas sur terre pour la musique...
Ta mission, c'est de t'abrutir de dessin. Tu es un mauvais musicien. ça n'est pas ta folie, la musique. c'est ta démission. c'est ta façon de te dérober à tes obligations ta religion, c'est le dessin. Délaisse-le et tu n'auras plus rien Redeviens fou de dessin, tu es un mauvais musicien.
Mais n'importe quoi! ça fait juste un an que je fais de l'harmonica et encore moins pour le ukulele. Je m'en tire pas mal et j'y prends du plaisir et je t'emmerde.
Et je te signale que pour le dessin, je n'étais pas particulièrement doué non plus à la base. Et puis les dons, je n'y crois pas. quand on veut absolument faire quelque chose, quand on y met toute sa rage et son intelligence, on y arrive.
Non.
Et arrête avec cette guitare.

 Joann Sfar, carnet de dessin partiellement reproduit dans *Piano*, [2003], encre de Chine, crayon et aquarelle sur papier, 21,5 × 15 cm

PASCIN

Le personnage de Jules Pascin, inspiré du peintre Julius Pincas (1885-1930), apparaît dès les premières publications de Joann Sfar dans la revue *Lapin* en 1997. La rencontre d'un peintre et d'un modèle sert de point de départ à une réflexion sur la création artistique, l'amour et la sexualité, qui irriguera aussi la série *Le Minuscule Mousquetaire* et le film *Gainsbourg (vie héroïque)*.

Surnommé le « prince de Montparnasse » par l'écrivain Ernest Hemingway, Pascin symbolise le Montparnasse des Années folles où le plaisir et l'exubérance sont érigés en mode de vie. Pour Sfar, il ne s'agit pas de représenter froidement le sexe, mais bien plutôt de montrer la fragilité du monde, de l'homme – et la beauté et l'élan gourmand qui invitent à dessiner sans interdits les corps en mouvement.

Dans *Pascin. La java bleue*, le dernier *opus* de la série, publié en 2005, Sfar a quitté le noir et blanc pour la couleur directe, aquarelle et gouache. La figure de Pascin se détache de celle de Serge Gainsbourg, très présente dès les premières planches de la série, et la sexualité y est traitée sans tabou.

Sfar a consacré plusieurs de ses albums à des peintres juifs du début du XXe siècle, notamment Marc Chagall, Chaïm Soutine ou Jules Pascin, des artistes regroupés sous l'appellation « École de Paris » par le critique André Warnod en 1925. Avant de les évoquer en bande dessinée, il en avait fait le sujet du *Complexe du Golem*, son mémoire de maîtrise en philosophie, qui portait sur la représentation de la figure humaine par les peintres juifs.

Joann Sfar, carnet de dessin partiellement reproduit dans *On s'en fout quand on est mort*, 2021, encre de Chine, crayon et aquarelle sur papier, 21,5 × 15 cm

LA NATURE RÊVE DE RESSEMBLER À UN DESSIN

—

Philippe Comar

En ce début d'année 1993, parmi la quarantaine d'élèves qui se pressaient dans l'amphithéâtre de morphologie à l'École des beaux-arts, l'un d'eux serait sans doute passé inaperçu s'il n'était resté debout au milieu de la salle, un carnet à dessin ouvert entre les mains, épais comme le Bottin, rigide comme un livre de comptes. Tout le monde s'était assis sur les bancs et attendait. Lui, dessinait. J'apprendrai son nom plus tard.

Deux fois par semaine, trois modèles, hommes et femmes, posaient nus sur la sellette. Une partie des élèves crayonnait sur des cartons format raisin, l'autre dessinait grandeur nature, à la craie, sur des tableaux noirs fixés au mur. Électron libre, Joann Sfar n'était d'aucun bord – il continuait à dessiner sur ses carnets, le plus souvent debout, circulant autour des modèles qu'il croquait avec un appétit inextinguible. Il dessinait tout le temps, en marchant, en parlant, parfois en mangeant. Il ne s'arrêtait jamais. Il dessinait même dans le noir. Dans cet amphithéâtre où s'étaient assis Matisse, Bonnard, Marquet, Brancusi et tant d'autres, la nudité se donnait pour elle-même, pour le plaisir des yeux, pour le plaisir de la forme. Seul filtre : le dessin, qui suppose de choisir, donc d'éliminer. Un trait plutôt qu'un autre. Il ne s'agissait pas de faire des « nus » (genre pictural qui relève d'une convention), mais des « corps nus », des corps comme si on les découvrait. Il fallait se laisser surprendre. Dominer son émotion sans l'étouffer. Saisir l'instant.

Dans les carnets de Joann, les pages se remplissaient à vue d'œil. Trois, cinq, dix dessins sur la même page. Peu ou pas de suite logique, mais la capture gourmande, rapide, de tout ce qui vivait, de tout ce qui bougeait : le mouvement d'un torse, une main qui relève une mèche ou prend appui sur une chaise, un corps qui rompt son équilibre et change de pose. Souvent fragmentaires, les dessins se doublaient de commentaires ou de petites phrases prises à la volée comme on attrape des papillons. Joann consignait tout ce qu'il voyait, tout ce qu'il entendait. Rien d'incongru dans ce mélange « texte et image », car l'écriture est autant un dessin que le dessin est une écriture. Dans les deux cas, c'est une manière de transcrire le monde.

Appliqué et désinvolte, méthodique et fantasque, ce graphomane invétéré n'avait pas d'état d'âme – il ignorait les repentirs. L'idée de faire un beau dessin ou d'améliorer celui qu'il venait de terminer lui était étrangère. Quand un dessin était faible, il s'employait à ce que le suivant soit meilleur. Il n'avait pas la « ligne claire » de Hergé ou de Moebius, fruit de longues et nombreuses reprises, mais la ligne évidente du premier jet – qui dispense une autre forme de clarté.

Aujourd'hui, le trait de Joann est parfois fluide, parfois tremblé. Fluide pour capter le mouvement (celui des cambrures féminines), tremblé pour restituer l'excitation du vivant (la sienne). Coulant ou fébrile, le trait se cherche sans cesse, hésite, s'écarte, revient, mais n'efface pas ses traces. Les maladresses, lorsqu'elles sont assumées, contribuent à donner vie au dessin, elles restituent le parcours de l'œil qui s'aventure sur la forme sans jamais l'enclore. Alors que les contours enferment le corps, le *non finito* laisse respirer. Quelques hachures hâtives ou traces d'aquarelle complètent parfois le dessin; elles soulignent autant qu'elles brouillent. Une fois terminé, mais jamais *achevé*, le dessin demeure plus allusif que descriptif. Il laisse à celui qui le regarde le soin de compléter les manques – et surtout la possibilité de rêver. Car, même devant le modèle, Joann n'imite rien – il rêve la scène qu'il regarde en même temps qu'il la dessine, et c'est ce rêve qu'il fait partager.

Autre caractéristique des dessins de Joann: l'humour. Son œil s'amuse en dessinant – il capte tout ce qu'il y a de cocasse dans une pose, un geste, une attitude, une expression. Le dessin flirte constamment avec la caricature. Il charge le trait. Accuse le trop, oublie le trop-peu. Il nous amuse en s'amusant. Le génie, dit-on, c'est l'enfance retrouvée. Oui, mais sans mièvrerie. Nombre de ses dessins ont la férocité de ceux de Cabu ou de Reiser, et parfois, pour les meilleurs, de George Grosz.

Les dessins de Joann rendent compte du monde dans toute sa variété sensible. Mieux, ils nous apprennent à le voir: «Ce que je n'ai pas dessiné, je ne l'ai pas vu» (Johann von Goethe). Et parce que nous ne connaissons le monde qu'à travers les images que nous en formons, le dessin, qui en est la quintessence, apparaît comme l'ultime stade de la Création, sa forme révélée. Un des personnages de Joann – son double dessinateur, Pascin – dit que «la nature rêve de ressembler à un dessin».

Joann Sfar (scénario et dessin), *Pascin*, t. 1, 1997, encre de Chine sur papier-calque, 29,5 × 21 cm

Joann Sfar (scénario et dessin), *Pascin*, t. 1, 1997, encre de Chine sur papier-calque, 29,5 × 21 cm

«Le thème de *Pascin*, c'est celui de l'artiste et son modèle. Tu mets un homme et une femme dans une chambre [...]. Pour moi, dessin et sexe marchent ensemble. [...] J'adore dessiner des gens tout nus. Et pour moi, c'est très naturel, je n'ai pas le sentiment de faire quelque chose de provocant en dessinant un mec à poil ou un homme et une femme qui baisent.»

Thierry Groensteen, *Entretiens avec Joann Sfar*, Bruxelles, Les Impressions nouvelles, 2012, p. 116-117

Joann Sfar (scénario et dessin), *Pascin*, t. 3, détail de la pl. 83, 2000, encre de Chine sur papier, 29,5 × 21 cm

Alors une femme à poil, t'imagines.

Joann Sfar (scénario et dessin), *Pascin*, t. 5, 2000, encre de Chine sur papier-calque, 29,5 × 21,5 cm

Joann Sfar (scénario et dessin), *Pascin*, t. 5, 2000, encre de Chine sur papier-calque, 29,5 × 21,5 cm

Quand il doit passer la nuit aux côtés d'une femme, Pascin parvient rarement à fermer l'œil. Il se paie des sueurs froides.
Il se lève pour dessiner. C'est l'occasion de regarder autre chose que le plafond.
Pascin dessine très correctement dans le noir, sans distinguer précisément son modèle, sans voir le papier.

Joann Sfar (scénario et dessin), *Pascin. La java bleue*, 2005, carnet 1, aquarelle et gouache sur papier, 32 × 24,5 cm

ils ne se quittent plus. Pascin n'a plus le temps ni de peindre ni de dessiner ni d'avoir peur de mourir ni d'être triste. Ils ne sortent pas de chez elle. Tant qu'ils n'ont pas faim, ils baisent.

Joann Sfar (scénario et dessin), *Pascin. La java bleue*, 2005, carnet 2, aquarelle et gouache sur papier, 32 × 24,5 cm

REGARD SUR LE QUOTIDIEN

Dessiner, pour Joann Sfar, est une façon de décrypter le monde.

Bien qu'il ait travaillé pendant presque deux ans pour *Charlie Hebdo* et qu'aujourd'hui ses dessins soient publiés dans *Paris Match*, il ne s'est jamais considéré comme un dessinateur de presse.

Son œuvre embrasse le réel dans le passé et dans le présent avec humour et lucidité. Sfar utilise le dessin pour regarder la réalité, l'humour pour surmonter son désespoir et sa révolte. Un mois après les attentats contre *Charlie Hebdo* et l'épicerie casher de la Porte de Vincennes, il dévoile dans le *Huffington Post* des pages de son carnet *Si Dieu existe*.

Si son dessin de fiction penche du côté de la tendresse, Sfar a recours au carnet dessiné quand il ressent un malaise ou une gêne face à l'actualité. Dans cette forme plus anxieuse, il partage ses doutes et ses angoisses avec ses lecteurs. Le carnet constitue pour lui une enquête et un dialogue permanents où le fantastique et l'humour sont mis au service de l'exploration du réel. Sfar définit le dessin comme une « science humaine », une intelligence du monde, une manière d'appréhender le réel en ne se laissant pas enfermer dans le carcan des mots.

Hugo Pratt, l'un de ses maîtres, a intitulé son autobiographie *Le Désir d'être inutile* – la formule est reprise par Sfar, qui ne cherche pas à enseigner quoi que ce soit à son lecteur mais simplement à faire de lui le spectateur du petit théâtre intérieur qu'il s'est fabriqué.

un jour, je visitais un lycée professionnel et deux filles Arabes m'ont parlé du chat du rabbin. Elles m'ont dit "Au début on voulait pas lire ton livre de juif mais finalement ça nous a plu parce qu'on a découvert qu'il y avait autant de cons dans les familles juives que dans les familles arabes"
Bien entendu, ça n'est pas toujours aussi inspirant qu'à Philadelphie. Mercredi 8, pendant ma conférence au VIVO, il n'y avait que 4 personnes dans la salle, dont 2 travaillaient pour mon éditeur. Mais comme la conférence était enregistrée, j'ai tout de même dû parler pendant plus de 90 minutes au Professeur d'université qui m'interrogeait.
♫ NOON, je ne suis jamais seul avec ma solituuude ♫
EVELYN Tauben

Joann Sfar, carnet de dessin partiellement reproduit dans *Les Carnets de Joann Sfar. Missionnaire*, [2007], encre de Chine, crayon et aquarelle sur papier, 21,5 × 15 cm

COMBATTRE LES DÉMONS ET PANSER LES PLAIES

—

Emmanuel Debono

«À chaque fois que j'ai recommencé des carnets, c'est parce que j'étais en travaux. Il y avait des brisures à colmater[1].» En 2015, Joann Sfar est en chantier et le lecteur de *Si Dieu existe* enfonce le casque, absorbant les chocs, suivant l'auteur dans un monologue sombre, rédigé durant les premiers mois de cette année terrible et publié par épisodes dans le *Huffington Post*. La France entière est alors en travaux mais Sfar, dont les amis de *Charlie* ont été exécutés, prétend n'avoir rien à dire: «Je n'ai pas de message à transmettre, pas plus que de vision définitive du monde. Je ne me sens aucune mission d'informer[2].» Le cheminement intime, au cours de ces pages, s'imbrique toutefois dans une perspective universelle qui délivre, au lendemain de l'attentat de l'Hyper Cacher, une vision beaucoup plus achevée et cathartique que l'auteur ne l'imagine ou ne le souhaite en réalité. Le mal-être et l'errance de l'homme se conjuguent avec sa colère et sa lucidité politique pour lui inspirer des pages dignes d'un manuel d'autodéfense contre les heurts et les pièges de la déraison antisémite.

Sfar est pédagogue. Il l'est quand il prend le soin d'expliquer l'escroquerie qui préside à la fausse équivalence entre le fait de rire du Prophète et celui de «blaguer» sur la Shoah. Il ne l'est pas moins lorsqu'il prévient astucieusement: «On a le droit de se moquer de la Shoah ou de l'esclavage (mais vaut mieux avoir du talent)[3].» Les travaux pratiques viennent plus loin, lorsqu'il se réapproprie l'idée d'un concours de caricatures antijuives lancé par l'Iran. S'il était candidat, il lui faudrait expliquer que «les chambres à gaz sont une invention juive pour asservir la Palestine[4]», ce qui n'est pas, précise-t-il, «ultra drôle, comme vanne». Et Sfar d'envisager alors «son» propre concours de «dessins antijuifs faits par des juifs[5]», puisque, dans le domaine de l'antisémitisme comme dans d'autres, ceux-ci «doivent démontrer leur supériorité[6]». Les dessinateurs antisémites sont mauvais? Qu'à cela ne tienne! Sfar leur vient en aide: il représente François Hollande en marionnette manipulée par un sage de Sion, intimant l'ordre à son pantin, au lendemain de la manifestation du 11 janvier 2015, d'«invite[r] encore Netanyahou[7]!» Le dessin triompherait à coup sûr à Téhéran si l'auteur ne plaçait pas dans la bouche du président cette remontrance qui transforme immédiatement le dispositif complotiste en caricature irrésistible: «Sfar, vous croyez vraiment que c'est le moment?» De la vanne pas «ultra drôle» à la caricature qui l'est effectivement, il y a une frontière. Et pour la franchir, mieux vaut, en effet, avoir du talent.

Peut-il cesser de s'exprimer en tant que juif, lui demande une amie «qui dit des choses intelligentes le reste du temps[8]»? L'auteur analyse alors l'assignation communautaire que sont venus renforcer les attentats de janvier. «Normalement, des juifs, je n'en vois pas. Depuis les tueries, oui. Parce que je veux entendre leurs voix[9].» Parce qu'il refuse,

1 *Les Carnets de Joann Sfar. Si Dieu existe*, Paris, Delcourt, coll. «Shampooing», 2015, p. 2.
2 *Idem.*
3 *Ibid.*, p. 35.
4 *Ibid.*, p. 134.
5 *Idem.*
6 *Idem.*
7 *Ibid.*, p. 135.
8 *Ibid.*, p. 163.
9 *Idem.*

déjà, que leur soit associée, à travers un prétendu conflit intercommunautaire, une extranéité qui ne correspond ni à leur histoire ni à leurs aspirations profondes. Parce qu'il n'admet pas non plus que leur soit appliqué un double standard en vertu duquel il se rendrait lui-même suspect en allant en Israël en touriste. L'écriture, nerveuse et révoltée, met en évidence le poison distillé en termes policés: «Pourquoi dès que moi je décrète une déportation volontaire et temporaire vers la patrie des chiens de sionistes égorgeurs d'enfants pour faire des pains azymes, je deviens communautariste[10]?» Il faut parfois révéler à ses interlocuteurs les recoins pollués de leurs pensées...

Face au judéocide, Sfar n'estime pas que l'État a failli puisque les pouvoirs publics font «tout» pour protéger les juifs. L'auteur effectue au contraire le constat auquel se refuse catégoriquement le républicain arrimé à ses idéaux et à l'arbre généalogique vierge de toute persécution, celui de «l'impuissance du système[11]» et de l'immense vulnérabilité juive: «Je ne pensais pas vivre ça. Je croyais que c'étaient des mauvais souvenirs de livres d'histoire[12].» Aussi se résout-il à donner raison, du moins passagèrement, à Jean-Paul Sartre (qu'il déteste). Parce que «là où nous en sommes», «aujourd'hui», «c'est bien l'antisémite qui fait le juif[13]». C'est aussi l'antisémite qui poursuit l'objet de son obsession jusque dans les cimetières, obligeant l'auteur à convoquer des héros imaginaires pour terrasser les profanateurs de tombes.

Joann Sfar n'a peut-être pas de «message à transmettre» mais il a, qu'il le veuille ou non, charge d'âmes inquiètes ou meurtries. Et s'il n'a pas – et pour cause – de «vision définitive» d'un monde abîmé, il concourt indubitablement à en combattre les démons et à en panser les plaies.

10 *Ibid.*, p. 166.
11 *Ibid.*, p. 209.
12 *Idem.*
13 *Ibid.*, p. 210.

UN HOMME DE BONNE LUCIDITÉ

Regard du réfugié et images refuges

—

Jean Birnbaum

Il y va d'un certain regard, qui nous oblige à garder les yeux grands ouverts. Dans les ultimes pages de son carnet intitulé *Les enfants ne se laissaient pas faire*, le dernier paru à l'heure où j'écris ces lignes, Joann Sfar évoque la présence des réfugiés ukrainiens dans les rues et les cafés de Nice, en particulier celle des femmes qui ont fui l'invasion russe de 2022. Décrivant leur manière de s'occuper des enfants, de les soustraire à la violence du monde, il note: «Les mamans ukrainiennes ne pleurent pas. Elles ont un mouvement de tête que je connais très bien, comme si elles attendaient quelque chose du ciel. Elles basculent la tête en arrière et braquent en un éclair leurs yeux javel vers les nuages. Puis elles regardent à nouveau vers le monde et redeviennent impassibles[1].»

Ce mouvement des yeux, je l'associe spontanément à un autre, mentionné par Hannah Arendt dans un article publié pour la première fois en janvier 1943 dans *The Menorah Journal*, «We Refugees» [Nous autres réfugiés[2]]. La philosophe allemande y détaille l'état d'esprit de ses compagnons d'infortune, des femmes et des hommes qui, comme elle, avaient fui l'Allemagne nazie pour la France au milieu des années 1930. Dans leur pays d'origine, ils étaient persécutés en tant que juifs. Dans leur pays d'accueil, les voilà désignés comme des envahisseurs, des «boches». Eux qui ont tout perdu assistent sans voix à l'effondrement de leurs amis, dont beaucoup se suicident. Analysant leur désir de renouer avec un avenir quelque peu solide, Arendt écrit: «C'est pourquoi nous abandonnons la terre avec toutes ses incertitudes et nous tournons nos regards vers le ciel[3].» Or, dans les carnets de Sfar comme dans l'article d'Arendt, le mouvement du regard propre aux réfugiés (vers les nuages, le ciel) se trouve associé à une forme paradoxale de désespoir. Dans l'un et l'autre cas, il enveloppe un optimisme à la fois hardi et endeuillé: «Un désespoir sans la moindre faiblesse», note l'artiste. «Cet optimisme forcené voisin du désespoir[4]», résume la philosophe allemande.

Un tel optimisme, dont Arendt disait qu'il était solidaire d'une forme de rire tragique, est aussi celui de Sfar, qui aime justement revendiquer la tradition de l'«humour germanique». C'est un optimisme de réfugié qui lève les yeux au ciel parce qu'il en a trop vu. Peu avant de dépeindre les Ukrainiennes de Nice, le dessinateur revient sur les massacres de la Shoah par balles en Europe orientale et place la question du regard au cœur de cette mémoire. Contrairement à ce qui s'est passé avec Auschwitz, insiste-t-il, ces immenses crimes n'eurent rien de secret. Au contraire, ils firent l'objet d'une exhibition publique: non seulement les paysans locaux venaient assister en famille au funeste spectacle, mais les bourreaux obligeaient les juifs à

1 Joann Sfar, *Les enfants ne se laissaient pas faire*, Paris, Gallimard bande dessinée, 2023, p. 466.
2 Hannah Arendt, «Nous autres réfugiés», 1942, repris dans *La Tradition cachée*, Paris, Christian Bourgois, 1987, rééd. «10/18», 1997.
3 *Ibid.*, p. 60.
4 *Ibid.*, p. 64.

contempler le ballet des supplices, les rabbins dansant nus avant d'être abattus, les femmes entraînant leurs enfants au fond des charniers. Si l'art de Sfar est subversif, c'est qu'à son tour il nous oblige à voir. Chez lui, le dessin est une méthode qui nous amène à regarder les choses en face, telles qu'elles sont et telles qu'elles ont été. Sfar est ce qu'on pourrait appeler un homme de bonne lucidité, comme on parle d'un homme de bonne volonté.

Cette lucidité est celle du réfugié. Sfar est fils d'exilé. Les carnets racontent l'atmosphère de nostalgie cosmopolite qui a bercé son enfance niçoise. Parce qu'il a la mémoire longue, sa lucidité est une hantise. Elle est portée par toutes sortes de fantômes, comme en attestent les multiples créatures spectrales qui peuplent son œuvre depuis l'origine, celles-là mêmes qui maintiennent son regard en éveil. Et parce que cette mémoire engage le présent, qu'elle exige de nommer les choses ici et maintenant, sa lucidité est aussi une franchise. J'ai toujours été frappé par son courage presque ingénu quand il est interrogé sur les sujets politiques les plus divers, notamment lorsqu'il s'agit de nommer la réalité de la haine antisémite dans la France contemporaine.

Mais le plus beau, c'est que la lucidité de Sfar est aussi une hospitalité. Ce réfugié a l'art d'accueillir les étrangers, les opprimés du passé et du présent. Faute de pouvoir les sauver des périls, il leur ouvre les portes de ses dessins, de ses textes – et ici surgit la figure obsédante du Golem, qu'on retrouve, dans le dernier carnet dessiné, parmi les ruines ukrainiennes. Dès le tout premier carnet, rédigé en 1992, le Golem faisait irruption au milieu d'un cours à l'École des beaux-arts. Ses yeux, déjà grands ouverts, annonçaient ce qui fera la puissance esthétique et politique de Sfar: d'un seul et même élan, poser sur le monde un regard de réfugié et forger des images-refuges, des images qui délivrent une leçon de survie car elles nous apprennent à veiller, à ne rien laisser passer, à demeurer aux aguets. Bref, à y voir clair – impitoyablement.

«Cette époque où l'on vous disait: "Tu as vu son dessin, tu as tout compris à l'actualité", c'est tout ce que je combats. Je crois que le dessin et les mots sont un ruban sans fin. Ils se déroulent et on passe toute la vie à en chercher le sens. Un dessin qui résume, qui simplifie, qui donne le sentiment qu'on a compris de quoi il est question, c'est un dessin que je n'aime pas. S'il me complique la vie, s'il lance une discussion sans fin, alors j'aime le dessin. Je n'ai rien à dire. Je n'ai pas de message à transmettre, pas plus que de vision définitive du monde. Je ne me sens aucune mission d'informer. Je suis certain de ne pas être plus intelligent que mon lecteur.»

Les Carnets de Joann Sfar. Si Dieu existe, Paris, Delcourt, coll. «Shampooing», 2015, p. 2

 Joann Sfar, carnet de dessin partiellement reproduit dans *Les enfants ne se laissaient pas faire*, 2022, encre de Chine, crayon et aquarelle sur papier, 21,5 × 15 cm

j'ai grandi auprès de rabbins qui enseignaient que la mort est un scandale.
j'ai eu des rabbins qui me disaient qu'il était de mon devoir d'engueuler Dieu et de lui demander des comptes pour Auschwitz.
SAVE LAKES
save water
save udaipur

Joann Sfar, carnet de dessin partiellement reproduit dans *Les Carnets de Joann Sfar. Maharajah*, [2008], encre de Chine, crayon et aquarelle sur papier, 21,5 × 15 cm

«Mon espoir, c'est vraiment – vous savez, mon maître, c'est Clément Rosset, qui disait cette phrase terrible : "La joie est indépendante du phénomène." Donc, le bonheur se décrète, le rire aussi, et ne serait-ce que rencontrer des gens, j'allais dire la majorité silencieuse qui pense un petit peu comme moi, qui pense un petit peu que toutes ces questions identitaires sont là pour nous enrichir, pour se mélanger et certainement pas pour créer du malheur. Cette majorité silencieuse, très peu audible, j'espère que je m'adresse à elle, j'espère que l'on peut se faire du bien grâce à ces ouvrages. Voilà, donc, mon espoir est très immédiat. En même temps, non, on n'arrêtera pas les vagues de haine, parce que c'est le sens de l'histoire parfois.»

«Joann Sfar et l'art du combat, 1/2», *Talmudiques*, France Culture, 25 septembre 2022

Joann Sfar, carnet de dessin partiellement reproduit dans *On s'en fout quand on est mort*, 2021, encre de Chine et crayon sur papier, 21,5 × 15 cm

 Joann Sfar, carnet de dessin partiellement reproduit dans *Journal de merde*, [2013], encre de Chine, crayon et aquarelle sur papier, 30 × 21 cm

Ce fameux sixième sens qui me rendrait conscient des drames qui se jouent autour de moi ...
... je ne l'ai pas.

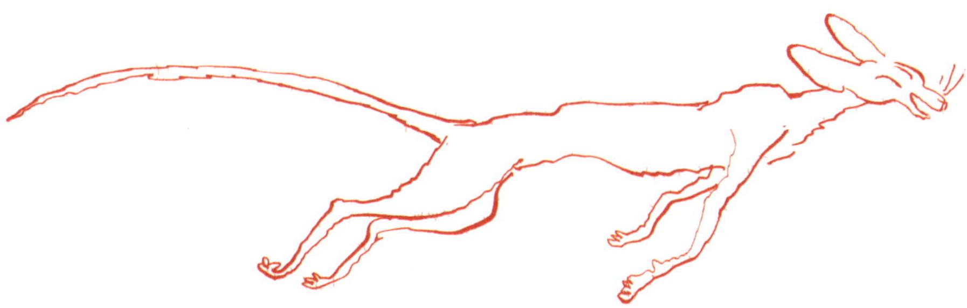

Joann Sfar, dessin pour *Paris Match*, 2019,
encre de Chine et aquarelle sur papier,
49 × 29,8 cm

ANNEXES

BIOGRAPHIE

Joann Sfar naît le 28 août 1971 à Nice (Alpes-Maritimes) dans une famille juive séfarade par son père et ashkénaze par sa mère. Fils d'un commerçant de Sétif, son père, André, qui deviendra avocat, grandit en Algérie avant de s'installer en France en 1957.

Sa mère, Liliane Haftel, dite Lilou, est chanteuse. Ses parents se marient en 1970 à Metz.

Liliane Haftel meurt en 1975 à l'âge de vingt-six ans. Pendant deux ans, on fait croire au jeune Joann que sa mère est en voyage.

Joann est élevé par son père et ses grands-parents : Esther Malka, sa grand-mère paternelle, conteuse et « grande embobineuse » qui lui inspirera l'univers du *Chat du rabbin*, et Arthur et Célia (Cécile, née Fuhrman) Haftel, ses grands-parents maternels, dans la maison desquels il passe ses vacances au Cap d'Antibes – une villa qui servira de modèle à celle de Petit Vampire.

Résistant pendant la Seconde Guerre mondiale, Arthur Haftel, originaire

de Bolechov en Pologne (aujourd'hui en Ukraine), a rejoint la France au début des années 1930 pour y achever ses études de médecine. Amateur de bande dessinée, il offre à son petit-fils des albums de *Conan le barbare*, des *Quatre Fantastiques*, et l'abonne à *Pif*.

La visite du mémorial de Yad Vashem à Jérusalem à l'âge de sept ans marque profondément Joann. La famille Haftel restée en Pologne a disparu dans la Shoah.

André Sfar, engagé dans la lutte contre le néonazisme dans les années 1970, est ciblé par un groupuscule d'extrême droite en 1980. La salle de classe de Joann est couverte de croix gammées et d'insultes. Les Sfar vivent sous protection policière pendant deux ans. Adjoint de Jacques Médecin à la mairie de Nice, André Sfar démissionne quand celui-ci se rapproche du Front national.

À douze ans, Joann rencontre l'auteur de bande dessinée Edmond Baudoin qui lui donne des conseils de dessin.

Élève au lycée Masséna à Nice, il suit des cours de dessin à la Villa Thiole et commence à envoyer son travail à des éditeurs.

Joann reçoit une éducation religieuse et fait sa *bar-mitsva* en 1984.

Entre seize et vingt et un ans, pour échapper à l'ennui du rituel religieux, il monte la garde devant la synagogue de Nice pendant les offices. Il apprend les arts martiaux et milite à la Fédération anarchiste.

À dix-huit ans, il rencontre Pierre Dubois, spécialiste des elfes, des fées et des lutins, au Festival de la bande dessinée d'Hyères – c'est le début d'une amitié.

Après avoir obtenu son baccalauréat en 1989, Sfar commence des études de philosophie à l'université de Nice où l'enseignement de Clément Rosset le marque particulièrement.

Son mémoire de maîtrise, *Le Complexe du Golem*, est consacré à la représentation de la figure humaine par les peintres juifs (Chagall, Pascin, Soutine).

En 1992, Sfar s'inscrit à l'École des beaux-arts de Paris et intègre l'atelier de Pierre Carron. Il suit surtout les cours de morphologie de Jean-François Debord.

L'année suivante, il rejoint l'atelier Nawak, au 44, rue Quincampoix, qui rassemble des auteurs de bande dessinée : David B., Lewis Trondheim, Brigitte Findakly, Émile Bravo, Tronchet, Frédéric Boilet, Jean-Christophe Menu, Jean-Pierre Duffour et Thierry Robin. Christophe Blain et Emmanuel Guibert les rejoignent peu après.

Sfar contribue à la revue *Le Cheval sans tête*.

En 1994, sa première bande dessinée, *Noyé le poisson*, paraît à L'Association. Cette maison d'édition publiera également *Le Borgne Gauchet* en 1995 et *Le Petit Monde du Golem*, dans lequel sont repris des travaux de Sfar parus dans *Lapin* entre 1994 et 1995. Les éditions Cornélius publient *Les Aventures d'Ossour Hyrsidoux* en 1994-1995.

En 1995, l'atelier Nawak déménage et devient l'atelier des Vosges jusqu'en 2001. Le groupe est rejoint par Marjane Satrapi et Marc Boutavant. Le premier tome de *Petrus Barbygère*, personnage né sous la plume de Pierre Dubois et le dessin de Sfar, paraît en 1996.

Le personnage de Pascin, inspiré du peintre Julius Pincas (1885-1930), apparaît dans la revue *Lapin* en 1997, avant de faire l'objet d'une publication par L'Association en 2000.

Le prix René Goscinny 1997 est attribué à *La Fille du professeur*, parue chez Dupuis, dont Sfar a écrit le scénario pour Emmanuel Guibert. L'album recevra aussi le prix Révélation du Festival international de la bande dessinée d'Angoulême l'année suivante.

En 1998, Sfar commence avec Lewis Trondheim la publication de la série fantastique *Donjon*, une saga inspirée des jeux de rôles. Coscénaristes de tous les albums, ils confient le dessin à différents auteurs.

En 1999, première publication de la série *Petit Vampire*, coécrite avec Sandrina Jardel. Le personnage de Michel, qui a perdu ses parents, est inspiré de Sfar enfant.

À trente ans, Sfar commence la pratique musicale. Il apprendra successivement l'harmonica, le ukulélé, la flûte, le banjo, la guimbarde, la guitare manouche, le violon... et réunira une collection d'instruments. Cet apprentissage inspirera en partie les « carnets » publiés à partir de 2002, d'abord à L'Association, puis chez Delcourt et, enfin, chez Gallimard.

En 2000, premier volume de la série *Sardine de l'espace*, scénarisée par Emmanuel Guibert et dessinée par Sfar.

En 2001, premier volume de la série *Les Olives noires*, scénarisée par Sfar et dessinée par Guibert.

En 2002, premier volume de la série *Socrate le demi-chien*, scénarisée par Sfar et dessinée par Christophe Blain.

Entre 2002 et 2014, Sfar, Blain, Sapin et Sattouf partagent le même atelier, la Société nationale de bande dessinée, rue d'Avron.

En 2002, *La Bar-Mitsva*, premier album du *Chat du rabbin*, inspiré en partie des récits de la grand-mère paternelle de Sfar et de son propre chat, Imhotep, reçoit le prix des fondateurs et prix du jury œcuménique de la bande dessinée au festival d'Angoulême.

À partir de 2003, Sfar dirige chez Bréal une collection de livres jeunesse confiés à des auteurs de bande dessinée. Quatorze titres sont publiés.

En 2004, *Petit Vampire et la soupe de caca*, cinquième tome de la série, reçoit le prix Jeunesse 7-8 ans du festival d'Angoulême. La série est diffusée sur le petit écran en cinquante-deux épisodes.

Sfar tient une page hebdomadaire, « Mon cahier d'éveil » pour *Charlie Hebdo* de 2004 à 2005.

En 2005, il lance chez Gallimard la collection « Bayou » dans laquelle est publiée la série *Klezmer*.

Sfar dessine et réalise le clip de la chanson *Tes lacets sont des fées* pour le groupe Dionysos – pour lequel il a créé plusieurs pochettes de disque entre 2003 et 2006 – et, avec le dessinateur Sébastien Cosset, celui de la chanson *Hyacinthe* de Thomas Fersen en 2005.

En 2008, il adapte *Le Petit Prince* d'Antoine de Saint-Exupéry, qui sera primé au festival d'Angoulême l'année suivante.

En 2010, son premier long métrage, *Gainsbourg (vie héroïque)*, sort au cinéma et obtient en 2011 le César du meilleur premier film.

Mathieu Amalric réalise le documentaire *Joann Sfar (dessins)*, dans lequel il s'intéresse à la manière dont le dessinateur exécute ses œuvres.

En 2011, Sfar est commissaire avec Clémentine Deroudille d'une exposition consacrée à Georges Brassens à la Cité de la musique.

L'adaptation du *Chat du rabbin* remporte le Cristal du long métrage au Festival international du film d'animation d'Annecy et, en 2012, le César du meilleur film d'animation.

En 2012, Sfar entreprend la publication du *Journal de merde* dans le magazine *Télérama*.

En 2013, il publie son premier roman, *L'Éternel*, qui sera suivi par *Le Plus Grand Philosophe de France* en 2014, *Comment tu parles de ton père* en 2016, *Modèle vivant* en 2018 et *Le Dernier Juif d'Europe* en 2020.

De 2013 à 2014, il présente dans l'émission *Downtown* sur France Inter une chronique artistique intitulée « Vous voyez le tableau », tentative de dessin radiophonique.

André Sfar décède en mai 2014.

En 2015, Sfar réalise un film adapté du roman de Sébastien Japrisot *La Dame dans l'auto avec des lunettes et un fusil*.

Après les attentats contre *Charlie Hebdo*, il reprend la rédaction des carnets qu'il avait interrompue depuis 2008 et publie *Si Dieu existe*.

Depuis 2016, d'abord en alternance avec Sempé, Sfar livre un dessin en grand format, aquarellé et légendé, pour *Paris Match*, en se livrant à l'exercice de la « petite phrase ».

Avec Riad Sattouf, entre autres, il demande que son nom soit retiré de la liste des nominés au Grand Prix du festival d'Angoulême pour protester contre l'absence d'autrices dans la liste.

Il imagine une rencontre avec l'œuvre de Salvador Dalí dans l'album *Fin de la parenthèse*, lequel est ensuite mis en scène

à l'Espace Dalí à Montmartre dans l'exposition « Joann Sfar – Salvador Dalí. Une seconde avant l'éveil ».

À l'automne 2016, il est nommé professeur à l'École des beaux-arts de Paris.

En 2019 paraît *Une aventure du lieutenant Blueberry*. Sfar s'associe à Christophe Blain qui réalise le dessin et coécrit le scénario pour une forme d'hommage à la série créée en 1963 par Jean-Michel Charlier et Jean Giraud.

Inspiré par *Le Roman de Renart*, les *Lais de Marie de France*, ainsi que par l'histoire de la Provence et des juifs en Provence au Moyen Âge, Sfar publie en 2020 le premier tome de *La Chanson de Renart*.

Sortie du film d'animation *Petit Vampire*.

En 2021, avec Mathieu Sapin, Sfar publie la série *Le Ministère secret*, inspirée par les missions de dessinateur-reporter de Sapin, dans laquelle il met celui-ci en scène avec Nicolas Sarkozy et François Hollande.

Après avoir été hospitalisé pour un grave cas de covid-19 en 2020, Sfar relate sa jeunesse niçoise dans *La Synagogue*, publiée en 2022, son œuvre la plus intime.

En 2023, dans *Les enfants ne se laissaient pas faire*, son seizième carnet, Sfar revient sur son héritage familial en partant de ses notes journalières sur la guerre en Ukraine.

Le musée d'art et d'histoire du Judaïsme organise la première grande exposition monographique consacrée à son œuvre en France : « Joann Sfar. La vie dessinée ».

VIGNETTES

Joann Sfar, carnet de dessin partiellement reproduit dans *Les enfants ne se laissaient pas faire*, détail, 2022, encre de Chine et crayon sur papier, 21,5 × 15 cm

Joann Sfar, carnet de dessin partiellement reproduit dans *Les enfants ne se laissaient pas faire*, détail, 2022, encre de Chine et crayon sur papier, 21,5 × 15 cm

Joann Sfar, carnet de dessin partiellement reproduit dans *Parapluie*, détail, [2003], encre de Chine, crayon et aquarelle sur papier, 21,5 × 15 cm

Joann Sfar, carnet de dessin partiellement reproduit dans *Parapluie*, détail, [2003], encre de Chine, crayon et aquarelle sur papier, 21,5 × 15 cm

Joann Sfar, carnet de dessin partiellement reproduit dans *Harmonica*, détail, 2002, encre de Chine, crayon et aquarelle sur papier, 21,5 × 15 cm

Joann Sfar, carnet de dessin partiellement reproduit dans *Les enfants ne se laissaient pas faire*, détail, 2022, encre de Chine et crayon sur papier, 21,5 × 15 cm

Joann Sfar, carnet de dessin partiellement reproduit dans *Les Carnets de Joann Sfar. Croisette*, détail, [2008], encre de Chine, crayon et aquarelle sur papier, 21,5 × 15 cm

Joann Sfar, carnet de dessin partiellement reproduit dans *On s'en fout quand on est mort*, détail, 2021, encre de Chine et crayon sur papier, 21,5 × 15 cm

Joann Sfar, carnet de dessin partiellement reproduit dans *Comment maigrir*, détail, 2021, encre de Chine et crayon sur papier, 21,5 × 15 cm

LISTE DES ŒUVRES

Les renvois aux publications sont abrégés. Se reporter à la bibliographie, p. 216, pour les références complètes. En l'absence de date inscrite sur les planches ou les carnets, nous indiquons la date de publication entre crochets. Sauf mention contraire, les œuvres et documents présentés appartiennent à la collection de l'artiste.

UNE ENFANCE À NICE

Liliane Haftel et André Sfar
le jour de leur mariage
Metz, 1970
Photographie couleur, 8,7 × 9 cm

Joann Sfar entouré de ses grands-parents maternels, Arthur et Cécile Haftel
Nice, début des années 1990
Photographie couleur, 10 × 15 cm

André et Joann Sfar
Nice, vers 1975
Photographie noir et blanc,
12,5 × 18 cm

La classe de Joann Sfar
(premier en haut à gauche)
Nice, école élémentaire Terra Amata, fin des années 1970
Photographie couleur,
17,5 × 23,5 cm

Liliane Sfar, née Haftel,
dite Lilou
Nice, début des années 1970
Photographie noir et blanc,
23,5 × 18 cm

Liliane et Joann Sfar
sur le bateau d'André Sfar, au large de Villefranche-sur-Mer
1974
Photographie couleur,
9 × 13,2 cm

André et Liliane Sfar
Auron, Alpes-Maritimes,
début des années 1970
Photographie noir et blanc,
12,6 × 17,8 cm

André Sfar (en bas, deuxième à gauche) lors d'un procès aux Assises
1960
Photographie noir et blanc,
12,6 × 18 cm

André Sfar et Esther Malka,
sa mère
Nice, années 1960
Photographie noir et blanc,
17,7 × 12,6 cm

André Sfar (à droite) en compagnie des musiciens de son groupe
Algérie, avant 1957
Photographie noir et blanc,
12,4 × 17 cm

André et Joann Sfar
en compagnie d'Esther Malka
Nice, vers 1980
Photographie noir et blanc,
17,8 × 12,6 cm

André Sfar chez Maxim's
Paris, années 1960
Photographie noir et blanc,
18 × 23,9 cm

Agenda de l'année 1978
d'André Sfar
Encre sur papier, 15 × 9,5 cm

P. 23 et 24
Joann Sfar (scénario et dessin)
La Synagogue
2022
12 planches numérotées : 1, 2, 7, 21, 28, 29, 33, 35, 52, 127, 128, 163
Encre de Chine sur papier,
32 × 24 cm chacune

P. 28, 29 et 30
Joann Sfar (scénario et dessin)
Les Idolâtres
2023
3 planches numérotées : 1, 11, 31
Encre de Chine sur papier,
32 × 24 cm chacune

Joann Sfar
Carnet de dessin partiellement reproduit dans *Piano*
[2003]
Encre de Chine, crayon
et aquarelle sur papier,
21,5 × 15 cm

P. 87
Joann Sfar
Carnet de dessin partiellement reproduit dans *On s'en fout quand on est mort*
2021
Encre de Chine et crayon
sur papier, 21,5 × 15 cm

Joann Sfar
Carnet de dessin partiellement reproduit dans *On s'en fout quand on est mort*
2021
Encre de Chine et crayon
sur papier, 21,5 × 15 cm
Inscr. sur la couverture :
« du 9 octobre 2021 »

Joann Sfar
Carnet de dessin partiellement reproduit dans *Comment maigrir*
2021
Encre de Chine et crayon
sur papier, 21,5 × 15 cm
Inscr. sur la couverture :
« 21 septembre Toulouse 2021 »

P. 208
Joann Sfar
Carnet de dessin partiellement reproduit dans *Parapluie*
[2003]
Encre de Chine, crayon
et aquarelle sur papier,
21,5 × 15 cm

P. 27, 31, 207 et 208
Joann Sfar
Carnet de dessin partiellement reproduit dans *Les enfants ne se laissaient pas faire*
2022
Encre de Chine et crayon
sur papier, 21,5 × 15 cm
Inscr. sur la couverture :
« du 11 janvier 2022 »

P. 135 et 208
Joann Sfar
Carnet de dessin partiellement reproduit dans *Harmonica*
2002
Encre de Chine, crayon
et aquarelle sur papier,
21,5 × 15 cm

P. 20 et 21
Joann Sfar
Carnet de dessin partiellement reproduit dans Romain Gary, *La Promesse de l'aube*
2013
Encre de Chine sur papier,
30,4 × 21,7 cm
Inscr. sur la couverture :
« Gary portraits »

Joann Sfar
Carnet de dessin partiellement reproduit dans *On s'en fout quand on est mort*
2022
Encre de Chine, crayon
et aquarelle sur papier,
31 × 22 cm
Inscr. sur la couverture :
« 17 janvier 2022 »

Films de famille
Années 1970-1980
Super 8
Extraits, 2 min. 10

LA BANDE, LES BEAUX-ARTS

Riad Sattouf (scénario et dessin)
L'Arabe du futur, t. 6 : *Une jeunesse au Moyen-Orient (1978-2011)*,
Paris, Allary Éditions
2022
4 planches numérotées :
132, 133, 134, 135
Impression numérique,
20 × 17,4 cm chacune

Mathieu Sapin, Christophe Blain,
Joann Sfar et Riad Sattouf
Photographie de Marine Billet
2022
Tirage numérique, 18 × 24 cm

David B., Joann Sfar,
Christophe Blain, Brigitte Findakly, Émile Bravo, Jean-Yves Duhoo, Lewis Trondheim
(de haut en bas et de gauche à droite)
Photographie de Lewis Trondheim
Paris, atelier Nawak, 1994
Tirage numérique, 15 × 20 cm

P. 45
Joann Sfar
L'Atelier (de mes moires)
Fin des années 1990
Encre de Chine sur papier,
29,5 × 21 cm

Joann Sfar
Lettre adressée au dessinateur Fred
Début des années 1990
Encre de Chine sur papier,
29,5 × 21 cm

P. 43
Joann Sfar (scénario), Lewis Trondheim (scénario et dessin)
Donjon Zénith, t. 1 :
Cœur de canard
1998
Planche n° 1
Encre de Chine sur papier,
41 × 30 cm
Collection Lewis Trondheim

P. 42
Joann Sfar (scénario et dessin)
Donjon Zénith, t. 1 :
Cœur de canard
1998
Story-board pour la planche n° 1
Encre de Chine et crayon
sur papier, 41 × 30 cm

P. 40-41
Joann Sfar (scénario et dessin),
Lewis Trondheim (scénario)
Donjon Crépuscule, t. 101 :
Le Cimetière des dragons
1999
Planche n° 46
Encre de Chine sur papier,
41 × 29,5 cm

Joann Sfar (scénario et dessin),
Lewis Trondheim (scénario)
Donjon Crépuscule, t. 102 :
Le Volcan des Vaucanson
2000
2 planches numérotées : 18, 19
Encre de Chine sur papier,
41 × 29,5 cm chacune

Joann Sfar (scénario), Lewis Trondheim (scénario), Blutch
(Christian Hincker, dit ; dessin)
Donjon Monsters, t. 7 : *Mon fils le tueur*
2003
Planche n° 10
Encre de Chine sur papier,
41 × 30 cm
Collection Sébastien Chevrot

P. 46
Joann Sfar (scénario),
Émile Bravo (dessin)
Blake et Mortimer
2000
Projet non publié
Encre de Chine sur papier,
45 × 36,7 cm
Collection Émile Bravo

P. 47
Joann Sfar (scénario),
Christophe Blain (dessin)
Socrate le demi-chien, t. 2 : *Ulysse*
2004
Planche n° 23
Encre de Chine sur papier,
40,2 × 29,7 cm
Collection Christophe Blain

P. 49
Joann Sfar (scénario),
Emmanuel Guibert (dessin)
La Fille du professeur
1997
Encre de Chine et encres
de couleur sur papier, 32 × 24 cm
Collection Emmanuel Guibert

Joann Sfar
Carnet de dessins
1995
Encre de Chine et crayon,
28 × 21 cm

Joann Sfar
Carnet de dessins
2003
Encre de Chine et crayon,
20,5 × 15,8 cm

Joann Sfar
Carnet de dessins
2003
Encre de Chine et crayon,
27,2 × 21,5 cm

Joann Sfar
Carnet de dessins
1992
Encre de Chine et crayon,
32 × 23,5 cm

Joann Sfar
Carnet de dessins
1993
Encre de Chine et crayon,
21,6 × 14,5 cm

Joann Sfar
Carnet de dessins
1993
Encre de Chine et crayon,
22,5 × 17,5 cm

Joann Sfar
Carnet de dessins
1993
Encre de Chine et crayon,
22 × 14,5 cm

P. 67
Joann Sfar
Carnet de dessin partiellement
reproduit dans *Ukulélé*
[2002]
Encre de Chine et crayon
sur papier, 21,5 × 15 cm

P. 76-77
Joann Sfar
Carnet de dessin partiellement
reproduit dans *Les Carnets
de Joann Sfar. Maharajah*
[2008]
Encre de Chine, crayon
et aquarelle sur papier,
21,5 × 15 cm
Inscr. sur la couverture :
« Le Petit Prince carnet 3 »

Joann Sfar
Carnet de dessin partiellement
reproduit dans *Ukulélé*
2002
Encre de Chine, crayon
et aquarelle sur papier,
21,5 × 15 cm

Joann Sfar
Carnet de dessin partiellement
reproduit dans *Caravan*
1993
Encre de Chine, crayon
et aquarelle sur papier, 21 × 15 cm

Riad Sattouf parle de Joann Sfar
Paris, 2023
1 min. 36
Captation de Franck Smadja,
production mahJ

*Portrait de groupe. Dessinateurs
de bandes dessinées :
une aventure graphique*
France, 2002
France 5, « C'est extra »
Extrait, 12 min. 03
INA archives

Joann Sfar à l'atelier des Vosges
Paris, 1998
France 3 Paris Île-de-France,
journal télévisé 19/20 Paris
Île-de-France
Extrait, 2 min.
INA archives

*Marjane Satrapi parle de Joann
Sfar*
Paris, 2023
2 min. 13
Captation de Franck Smadja,
production mahJ

VAMPIRES, MAGIE, FANTASTIQUE

Joann Sfar (scénario et dessin)
Professeur Bell, t. 1 : *Le Mexicain
à deux têtes*
1999
Illustration pour la couverture
Encre de Chine et gouache
sur papier, 42 × 29,5 cm

P. 63
Joann Sfar (scénario et dessin)
Professeur Bell, t. 2 : *Les Poupées
de Jérusalem*
2000
Illustration pour la couverture
Encre de Chine sur papier,
42 × 29,5 cm

Joann Sfar (scénario et dessin)
Professeur Bell, t. 2 : *Les Poupées
de Jérusalem*
2000
2 planches numérotées : 1, 2
Encre de Chine sur papier,
42 × 29,5 cm chacune

Joann Sfar (scénario et dessin)
Professeur Bell, t. 2 : *Les Poupées
de Jérusalem*
2000
Planche
Encre de Chine sur papier
et papier-calque, 29,5 × 42 cm

P. 64 et 65
Joann Sfar (scénario et dessin)
Le Minuscule Mousquetaire, t. 3 :
On ne patine pas avec l'amour
2006
6 planches numérotées :
1, 2, 3, 4, 5, 8
Encre de Chine et aquarelle
sur papier, 32 × 24 cm chacune,
sauf la 8 : 42 × 29,5 cm

Pierre Dubois (scénario),
Joann Sfar (dessin et couleurs)
Petrus Barbygère, t. 2 :
Le Croquemitaine d'écume
1997
Planche n° 1
Encre de Chine et aquarelle
sur papier, 42 × 29,5 cm

P. 62
Pierre Dubois (scénario), Joann
Sfar (dessin et couleurs)
Petrus Barbygère, t. 1 :
L'Elficologue
1995
4 planches numérotées :
1, 33, 34 35
Encre de Chine, aquarelle
et gouache sur papier,
42 × 29,5 cm chacune

Pierre Dubois
Scénario de *Petrus Barbygère*,
t. 1 : *L'Elficologue*
1994
Impression sur papier,
29,7 × 21 cm

Joann Sfar
Petrus Barbygère, t. 1 :
L'Elficologue
1994
8 feuillets
Encre de Chine et aquarelle
sur papier, 29,5 × 21 cm chacun

Joann Sfar
Petrus Barbygère, t. 1 :
L'Elficologue
1994
Maquette
Encre de Chine et aquarelle
sur papier et papier-calque,
19,8 × 27 cm

Joann Sfar
Petrus Barbygère, t. 2 :
Le Croquemitaine d'écume
1997
Illustration
Huile sur toile, 67 × 51 cm

Joann Sfar (scénario et dessin),
Sandrina Jardel (scénario)
Grand Vampire, t. 6 : *Le peuple
est un Golem*
2005
Illustration de couverture
Encre de Chine et gouache
sur papier, 42 × 29,5 cm

P. 68, 69, 70 et 71
Joann Sfar (scénario et dessin),
Sandrina Jardel (scénario)
Grand Vampire, t. 6 : *Le peuple
est un Golem*
2005
9 planches numérotées : 28, 29,
30, 31, 37, 38, 42, 48, 50
Encre de Chine et aquarelle
sur papier, 32 × 24 cm chacune

*Joann Sfar, Pierre Dubois :
fantômes et vampires*
Saint-Malo, Étonnants voyageurs,
2013
Les cafés littéraires en vidéo
Extrait, 3 min. 55
Production Étonnants Voyageurs

LES DRAMES

P. 152
Joann Sfar (scénario et dessin)
Chagall en Russie,
deuxième partie
2009
Illustration de couverture
Encre de Chine sur papier,
32 × 24 cm

P. 153
Joann Sfar (scénario et dessin)
Chagall en Russie,
deuxième partie
2009
6 planches reproduites pages 57,
58, 59, 60, 62, 63
Encre de Chine et crayon
sur papier, 35 × 25 cm chacune

P. 146-147 et 150-151
Joann Sfar (scénario et dessin)
Klezmer, t. 1 : *Conquête de l'Est*
2005
3 carnets
Encre de Chine et aquarelle
sur papier, 24 × 16 cm chacun

Joann Sfar (scénario et dessin)
Klezmer, t. 2 : *Bon anniversaire Scylla*
2006
Illustration de couverture
Gouache sur papier, 24 × 32 cm

P. 149
Joann Sfar (scénario et dessin)
Klezmer, t. 2 : *Bon anniversaire Scylla*
2006
3 carnets
Encre de Chine et aquarelle sur papier, 24 × 16 cm chacun

Joann Sfar (scénario et dessin)
Klezmer, t. 3 : *Tous des voleurs !*
2007
Illustration de couverture
Gouache sur papier, 40 × 30 cm

Joann Sfar (scénario et dessin)
Klezmer, t. 3 : *Tous des voleurs !*
2007
2 carnets
Encre de Chine et aquarelle sur papier, 32 × 24 cm chacun

Joann Sfar (scénario et dessin)
Klezmer, t. 4 : *Trapèze volant !*
2012
Illustration de couverture
Gouache sur papier, 36 × 26 cm

LA MUSIQUE

Guitare
Cognac, atelier de lutherie Maurice Dupont, 2021
Dessins de Joann Sfar sur la caisse, 97 × 35,5 × 10 cm

Banjos
États-Unis, Gibson, 1925
Cercle de bronze, coffre en bois et peau de chèvre, 54 × 22 × 8 cm et 50 × 17 × 8 cm

P. 164-165
Mathieu Sapin
2 carnets de dessins pour le tournage du film *Gainsbourg (vie héroïque)*, partiellement reproduits dans *Feuille de chou (journal d'un tournage)*
2010
Encre de Chine, crayon et aquarelle sur papier, 24 × 16,5 cm chacun
Collection Mathieu Sapin

P. 162
Joann Sfar
Serge Gainsbourg (vie héroïque)
2010
Carnet, impression sur papier, 25 × 18,3 cm

P. 163
Joann Sfar
Dessin pour le tournage du film *Gainsbourg (vie héroïque)*
2010
2 carnets
Encre de Chine et aquarelle sur papier, 32 × 24,5 cm et 27 × 21,5 cm

Joann Sfar
Story-board pour *Gainsbourg (vie héroïque)*
2010
Carnet, encre de Chine et aquarelle sur papier, 32 × 24,5 cm

Joann Sfar
Dessin pour *Gainsbourg (vie héroïque)*
2010
Encre de Chine et aquarelle sur papier, 15 × 24,5 cm

P. 168-169
Joann Sfar
Études pour l'exposition « Brassens ou La Liberté » à la Cité de la musique
2011
2 carnets
Encre de Chine et aquarelle sur papier, 32 × 24,5 cm

Joann Sfar
Carnet de dessin partiellement reproduit dans *Ukulélé*
[2003]
Encre de Chine et crayon sur papier, 21,5 × 15 cm

P. 94-95 et 170-171
Joann Sfar
Carnet de dessin partiellement reproduit dans *Piano*
[2003]
Encre de Chine, crayon et aquarelle sur papier, 21,5 × 15 cm

Joann Sfar
Carnet de dessin partiellement reproduit dans *Caravan*
[2005]
Encre de Chine et crayon sur papier, 21,5 × 15 cm

Joann Sfar
Carnet de dessin partiellement reproduit dans *Piano*
[2003]
Encre de Chine, crayon et aquarelle sur papier, 21,5 × 15 cm

Joann Sfar
Carnet de dessin partiellement reproduit dans *Caravan*
[2005]
Encre de Chine et crayon sur papier, 21,5 × 15 cm

P. 44
Joann Sfar
Carnet de dessin partiellement reproduit dans *Piano*
[2003]
Encre de Chine et crayon sur papier, 21,5 × 15 cm

P. 160-161
Joann Sfar
Carnet de dessin partiellement reproduit dans *Ukulélé*
[2003]
Encre de Chine et crayon sur papier, 21,5 × 15 cm

Joann Sfar
Carnet de dessin partiellement reproduit dans *Piano*
[2003]
Encre de Chine et crayon sur papier, 21,5 × 15 cm

Joann Sfar
Carnet de dessin partiellement reproduit dans *Les Carnets de Joann Sfar. Croisette*
[2008]
Encre de Chine, crayon et aquarelle sur papier, 21,5 × 15 cm

Gainsbourg (vie héroïque)
France, 2010
Film
130 min., extrait de 3 min. 07
Scénario Sandrina Jardel et Joann Sfar, réalisation Joann Sfar, photographie Guillaume Schiffman, musique Olivier Daviaud, production One World Films, Studio 37, Universal Pictures International, France 2 Cinéma, Lilou Films, Xilam

L'ENFANCE

P. 82
Joann Sfar (scénario et dessin), d'après l'œuvre d'Antoine de Saint-Exupéry *Le Petit Prince*
2008
Illustration de couverture
Encre de Chine sur papier, 42 × 29,8 cm

P. 83
Joann Sfar (scénario et dessin), d'après l'œuvre d'Antoine de Saint-Exupéry *Le Petit Prince*
2008
3 planches numérotées : 5, 6, 39
Encre de Chine et crayon sur papier, 35 × 25 cm chacune

P. 86
Joann Sfar (scénario et dessin)
Petit Vampire, t. 1 : *Petit Vampire va à l'école*
1999
6 planches numérotées : 4, 5, 10, 11, 12, 30
Encre de Chine sur papier, 42 × 29,5 cm chacune

P. 85
Joann Sfar (scénario et dessin)
Petit Vampire, t. 1 : *Petit Vampire va à l'école*
1999
Illustration de couverture
Encre de Chine sur papier, 46 × 35 cm

P. 89
Joann Sfar (scénario et dessin)
Petit Vampire, t. 3 : *Petit Vampire et la Société protectrice des chiens*
2001
Illustration de couverture
Encre de Chine sur papier, 42 × 29,5 cm

Joann Sfar (scénario et dessin)
Petit Vampire, t. 5 : *Petit Vampire et la soupe de caca*
2003
5 planches numérotées : 7, 8, 9, 10, 11
Encre de Chine sur papier, 29,5 × 21 cm chacune

P. 84
Joann Sfar (scénario et dessin)
Petit Vampire, t. 5 : *Petit Vampire et la soupe de caca*
2003
2 planches numérotées : 29, 30
Encre de Chine sur papier, 42 × 29,5 cm

P. 90-91
Joann Sfar (scénario et dessin)
Petit Vampire, t. 7 : *Petit Vampire et le rêve de Tokyo*
2005
Illustration de couverture
Encre de Chine sur papier, 42 × 29,5 cm

Petit Vampire
France, 2020
Film d'animation
81 min., extrait de 4 min. 54
Scénario Sandrina Jardel et Joann Sfar, réalisation Joann Sfar, direction artistique Antoine Delesvaux, musique Olivier Daviaud, production Autochenille, Studiocanal

PASCIN

Jules Pascin (Julius Pincas, dit ; Vidin, Bulgarie, 1885 – Paris, 1930)
Les Petites Américaines (Les Demoiselles américaines)
1916
Huile sur toile, 60,2 × 73 cm
Paris, mahJ, don de Claire Maratier

P. 178 et 179
Joann Sfar (scénario et dessin)
Pascin, t. 1
1997
8 planches numérotées : 17, 18, 19, 20, 21, 22, 23, 24
Encre de Chine sur papier-calque, 29,5 × 21 cm chacune

Joann Sfar (scénario et dessin)
Pascin, t. 2
1998
5 planches numérotées : 50, 51, 52, 53, 54
Encre de Chine sur papier, 29,5 × 21 cm chacune

P. 181
Joann Sfar (scénario et dessin)
Pascin, t. 3
2000
6 planches numérotées : 81, 82, 83, 84, 85, 86
Encre de Chine sur papier, 29,5 × 21 cm chacune

P. 182 et 183
Joann Sfar (scénario et dessin)
Pascin, t. 5
2000
2 planches numérotées : 146, 147
Encre de Chine sur papier-calque, 29,5 × 21,5 cm chacune

Joann Sfar (scénario et dessin)
Pascin, t. 6
2002
5 planches numérotées : 157, 158, 159, 160, 161
Encre de Chine sur papier, 29,5 × 21 cm chacune

P. 112, 113, 184-185 et 186-187
Joann Sfar (scénario et dessin)
Pascin. La java bleue
2005
2 carnets
Aquarelle et gouache sur papier, 32 × 24,5 cm chacun

L'ATELIER

P. 116-117
Joann Sfar
Carnet de dessin partiellement reproduit dans *Les Carnets de Joann Sfar. Croisette*
[2008]
Encre de Chine, crayon et aquarelle sur papier, 21,5 × 15 cm
Inscr. sur la couverture : « Cannes 1 »

P. 110-111
Joann Sfar
Carnet de dessin partiellement reproduit dans *Caravan*
2004
Encre de Chine, crayon et aquarelle sur papier, 21,5 × 15 cm

P. 105 et 207
Joann Sfar
Carnet de dessin partiellement reproduit dans *Parapluie*
[2003]
Encre de Chine, crayon et aquarelle sur papier, 21,5 × 15 cm

P. 209
Joann Sfar
Carnet de dessin partiellement reproduit dans *Les Carnets de Joann Sfar. Croisette*
[2008]
Encre de Chine, crayon et aquarelle sur papier, 21,5 × 15 cm

P. 106-107
Joann Sfar
Carnet de dessin partiellement reproduit dans *Les Carnets de Joann Sfar. Greffier*
[2007]
Encre de Chine, crayon et aquarelle sur papier, 21,5 × 15 cm
Inscr. sur la couverture : « Mon cahier d'éveil 1 »

P. 167
Joann Sfar
Carnet de dessin partiellement reproduit dans *Les Carnets de Joann Sfar. Maharajah*
[2008]
Encre de Chine, crayon et aquarelle sur papier, 21,5 × 15 cm
Inscr. sur la couverture : « Petit carnet 2 »

P. 34-35
Joann Sfar
Carnet de dessin partiellement reproduit dans *On s'en fout quand on est mort*
2021
Encre de Chine et crayon sur papier, 21,5 × 15 cm
Inscr. sur la couverture : « du 29 septembre 2021. Guitare 1 »

P. 131
Joann Sfar
Carnet de dessin partiellement reproduit dans *Comment maigrir*
2021
Encre de Chine et crayon sur papier, 21,5 × 15 cm

P. 72-73 et 103
Joann Sfar
Carnet de dessin partiellement reproduit dans *Caravan*
2004
Encre de Chine, crayon et aquarelle sur papier, 21,5 × 15 cm

Robert Louis Stevenson (texte), Georges Beuville (dessin)
L'Île au trésor
1946
2 illustrations
Encre de Chine sur papier, 18,5 × 14 cm chacune (image apparente)
Collection Michel Lagarde

Gus Bofa (Gustave Blanchot)
La Petite Femme
S.d.
Gouache et encre de Chine sur papier, 22,5 × 14 cm (image apparente)
Collection Michel Lagarde

P. 108 et 109
Will Eisner (scénario et dessin)
« Home. Stoops », *The New York Trilogy, The Big City*
1981
2 planches numérotées : 6, 7
Encre de Chine et lavis sur papier, 38 × 27,9 cm chacune
Paris, collection 9ᵉ Art Références

P. 104
Héctor Germán Oesterheld (scénario), Hugo Pratt (dessin)
Sergent Kirk, Misterix, vers 1956
Planche n° 13
Encre de Chine sur papier, 32,4 × 47,7 cm
Paris, collection 9ᵉ Art Références

Stan Lee (scénario), Jack Kirby (Jacob Kurtzberg dit, dessin), Joe Sinnott (encreur), Sam Rosen (lettrage)
Fantastic Four, Whosoever Finds the Evil Eye !
1966
1 planche
Encre de Chine sur papier, 54,4 × 34,5 cm
Paris, collection 9ᵉ Art Références

Edward Gorey (dessin)
Q.E. Stramash
1953
Dessin original, non publié
Encre de Chine sur papier, 19 × 13,5 cm
Paris, collection 9ᵉ Art Références

Fred (Frédéric Othon Théodore Aristidès, dit)
Le Souffleur
Publié dans *Hum*, 1974
Encre de Chine sur papier, 27 × 21 cm
Collection Michel Lagarde

Quentin Blake
Sans titre
2014
Aquarelle, 54 × 34 cm

Joann Sfar (dessins)
France, 2010
Film documentaire
43 min., extrait de 2 min. 15
Réalisateur Mathieu Amalric, production Arte et Les Films du poisson

Joann Sfar et associés
France, 5 février 2005
Arte, Art et culture, « Comix »
26 min. 32, extrait de 2 min.
Réalisateur William Karel, coproduction Arte France – INA
INA archives

LE CHAT DU RABBIN

P. 134
Joann Sfar (scénario et dessin)
Le Chat du rabbin, t. 10 : *Rentrez chez vous !*
2020
Illustration de couverture
Encre de Chine sur papier, 42,2 × 29,4 cm

P. 124-125
Joann Sfar (scénario et dessin)
Le Chat du rabbin, t. 1 : *La Bar-Mitsva*
2002
Illustration de couverture
Encre de Chine sur papier, 32 × 24 cm

P. 126, 127 et 129
Joann Sfar (scénario et dessin)
Le Chat du rabbin, t. 1 : *La Bar-Mitsva*
2002
7 planches numérotées : 1, 2, 3, 7, 16, 17, 29
Encre de Chine sur papier, 32 × 24 cm chacune

Joann Sfar (scénario et dessin)
Le Chat du rabbin, t. 2 : *Le Malka des Lions*
2002
4 planches numérotées : 16, 35, 37, 38
Encre de Chine sur papier, 32 × 24 cm chacune

Joann Sfar (scénario et dessin)
Le Chat du rabbin, t. 3 : *L'Exode*
2003
Planche pour le dossier de presse
Encre de Chine et crayons de couleur sur papier, 29,5 × 21 cm

P. 130
Joann Sfar (scénario et dessin)
Le Chat du rabbin, t. 3 : *L'Exode*
2003
5 planches numérotées : 9, 10, 11, 12, 13
Encre de Chine sur papier, 32 × 24 cm chacune

Joann Sfar (scénario et dessin)
Le Chat du rabbin, t. 4 : *Le Paradis terrestre*
2005
4 planches numérotées : 36, 37, 38, 41
Encre de Chine sur papier, 32 × 24 cm chacune

P. 132 et 133
Joann Sfar (scénario et dessin)
Le Chat du rabbin, t. 5 : *Jérusalem d'Afrique*
2006
3 planches numérotées :
48 et son crayonné, 49
Encre de Chine et stylos de couleur, 32 × 24 cm chacune

Joann Sfar (scénario et dessin)
Le Chat du rabbin, t. 6 :
Tu n'auras pas d'autre dieu que moi
2015
4 planches numérotées :
33, 34, 35, 36
Encre de Chine sur papier, 42 × 30 cm chacune

Joann Sfar (scénario et dessin)
Le Chat du rabbin, t. 11 : *La Bible pour les chats*
2021
7 planches numérotées :
1, 3, 38, 39, 71, 72, 73
Encre de Chine sur papier, 32 × 24 cm chacune

P. 136
Joann Sfar (scénario et dessin)
Le Chat du rabbin, t. 12 :
La Traversée de la mer Noire
2023
3 planches numérotées : 1, 2, 6
Encre de Chine sur papier, 32 × 24 cm chacune

Le Chat du rabbin
France, 2011
Film d'animation
100 min., extrait de 2 min. 39
Scénario Sandrina Jardel et Joann Sfar, réalisation Antoine Delesvaux et Joann Sfar, direction animation Jean-Christophe Dessaint, musique Olivier Daviaud, production Autochenille, TF1, France 3 Cinéma, en association avec Sofica Valor 7, avec la participation de France Télévisions, Canal+ et CinéCinéma

P. 98-99
Brigitte Findakly met les couleurs sur le tome 12 du Chat du rabbin, La Traversée de la mer Noire
France, 2023
4 min. 33
Production mahJ

REGARD SUR LE QUOTIDIEN

P. 204
Joann Sfar
Dessins pour *Paris Match*
2016-2023
10 dessins
Encre de Chine et aquarelle sur papier, 49 × 29,8 cm chacun

P. 14-15
Joann Sfar
Carnet de dessin partiellement reproduit dans *Caravan*
2004
Encre de Chine, crayon et aquarelle sur papier, 21,5 × 15 cm

Joann Sfar
Dessin pour *Le Chat du rabbin*
1er juin [2017]
Encre de Chine et gouache sur papier, 21 x 15,2 cm

P. 198-199
Joann Sfar
Carnet de dessin partiellement reproduit dans *Les Carnets de Joann Sfar. Maharajah*
[2008]
Encre de Chine, crayon et aquarelle sur papier, 21,5 × 15 cm
Inscr. sur la couverture :
« Maharaja 5 »

P. 52-53 et 156-157
Joann Sfar
Carnet de dessin partiellement reproduit dans *Journal de merde*
[2013]
Encre de Chine, crayon et aquarelle sur papier, 32 × 24 cm
Inscr. sur la couverture :
« JDM 34 à 81 »

P. 202-203
Joann Sfar
Carnet de dessin partiellement reproduit dans *Journal de merde*
[2013]
Encre de Chine, crayon et aquarelle sur papier, 30 × 21 cm
Inscr. sur la couverture :
« JDM 1 à 7 »

P. 190-191
Joann Sfar
Carnet de dessin partiellement reproduit dans *Les Carnets de Joann Sfar. Missionnaire*
[2007]
Encre de Chine, crayon et aquarelle sur papier, 21,5 × 15 cm
Inscr. sur la couverture :
« Missionnaire USA »

P. 201 et 209
Joann Sfar
Carnet de dessin partiellement reproduit dans *On s'en fout quand on est mort*
2021
Encre de Chine et crayon sur papier, 21,5 × 15 cm
Inscr. sur la couverture :
« 1er décembre 2021 »

P. 61, 140, 141 et 197
Joann Sfar
Carnet de dessin partiellement reproduit dans *Les enfants ne se laissaient pas faire*
2022
Encre de Chine, crayon et aquarelle sur papier, 21,5 × 15 cm
Inscr. sur la couverture :
« du 26 février 2022 »

Joann Sfar
Carnet de dessin partiellement reproduit dans *Les enfants ne se laissaient pas faire*
2022
Encre de Chine, crayon et aquarelle sur papier, 21,5 × 15 cm

Joann Sfar
Carnet de dessins partiellement reproduit dans *Les enfants ne se laissaient pas faire*
[2023]
Encre de Chine, crayon et aquarelle sur papier, 21,5 × 15 cm

p. 210
Joann Sfar
Carnet de dessin partiellement reproduit dans *Comment maigrir*
2021
Encre de Chine et crayon sur papier, 21,5 × 15 cm
Inscr. sur la couverture :
« du 17 septembre 2021 Beaux-arts »

Joann Sfar
Carnet de dessin partiellement reproduit dans *Comment maigrir*
2021
Encre de Chine et crayon sur papier, 21,5 × 15 cm

Joann Sfar
Carnet de dessins
2011
Encre de Chine et crayon sur papier, 21,5 × 15 cm
Inscr. sur la couverture :
« Jojo carnet »

Joann Sfar
Carnet de dessin partiellement reproduit dans *Les enfants ne se laissaient pas faire*
[2023]
Encre de Chine, crayon et aquarelle sur papier, 21,5 × 15 cm
Inscr. sur la couverture :
« avant dernier 7 »

Joann Sfar
Carnet de dessin partiellement reproduit dans *Les enfants ne se laissaient pas faire*
2022
Encre de Chine, crayon et aquarelle sur papier, 21,5 × 15 cm
Inscr. sur la couverture :
« du 9 mars 2022 6 »

Joann Sfar
Le Dernier Juif d'Europe
2019
Illustration de couverture
Encre de Chine et aquarelle sur papier, 42 × 29,5 cm

Joann Sfar (scénario et dessin)
Reines et dragons
2022
Encre de Chine sur papier, 42 × 29,5 cm chacune

P. 137
Joann Sfar (scénario et dessin)
Le Chat du rabbin, t. 12 :
La Traversée de la mer Noire
2023
Illustration de couverture
Encre de Chine sur papier, 42 × 29,5 cm

P. 1
Joann Sfar (scénario et dessin)
Les Idolâtres
2023
Illustration de couverture
Encre de Chine sur papier, 42 × 29,5 cm

BIBLIOGRAPHIE

BANDES DESSINÉES

Noyé le poisson, Paris, L'Association, coll. « Patte de mouche », 1994.

Les Aventures d'Ossour Hyrsidoux

Les Aventures d'Ossour Hyrsidoux, t. 1, Paris, Cornélius, 1994.
Les Aventures d'Ossour Hyrsidoux, t. 2, Paris, Cornélius, 1995.

Le Borgne Gauchet

Le Borgne Gauchet au centre de la terre, Paris, L'Association, coll. « Patte de mouche », 1995.
Le Borgne Gauchet, Paris, L'Association, coll. « Ciboulette », 2000.

Le Petit Monde du Golem, Paris, L'Association, coll. « Ciboulette », 1998.

Paris-Londres, Paris, Dargaud, 1998.

Professeur Bell

Professeur Bell, t. 1 : *Le Mexicain à deux têtes*, couleurs de Brigitte Findakly, Paris, Delcourt, 1999.
Professeur Bell, t. 2 : *Les Poupées de Jérusalem*, couleurs de Brigitte Findakly, Paris, Delcourt, 2000.
Professeur Bell, t. 3 : *Le Cargo du Roi Singe*, dessin de Hervé Tanquerelle, couleurs de Brigitte Findakly, Paris, Delcourt, 2002.
Professeur Bell, t. 4 : *Promenade des Anglaises*, dessin de Hervé Tanquerelle, couleurs de Walter, Paris, Delcourt, 2003.
Professeur Bell, t. 5 : *L'Irlande à bicyclette*, dessin de Hervé Tanquerelle, couleurs de Walter, Paris, Delcourt, 2006.

Petit Vampire

Petit Vampire, t. 1 : *Petit Vampire va à l'école*, couleurs de Walter, Paris, Delcourt jeunesse, 1999.
Petit Vampire, t. 2 : *Petit Vampire fait du kung-fu !*, couleurs de Walter, Paris, Delcourt jeunesse, 2000.
Petit Vampire, t. 3 : *Petit Vampire et la Société protectrice des chiens*, couleurs de Walter, Paris, Delcourt jeunesse, 2001.
Petit Vampire, t. 4 : *Petit Vampire et la maison qui avait l'air normale*, couleurs de Walter, Paris, Delcourt jeunesse, 2002.
Petit Vampire, t. 5 : *Petit Vampire et la soupe de caca*, couleurs de Walter, Paris, Delcourt jeunesse, 2003.
Petit Vampire, t. 6 : *Petit Vampire et les Pères Noël verts*, couleurs de Walter, Paris, Delcourt jeunesse, 2004.
Petit Vampire, t. 7 : *Petit Vampire et le rêve de Tokyo*, couleurs de Walter, Paris, Delcourt jeunesse, 2005.
Quatre histoires de Petit Vampire, couleurs de Walter, Paris, Delcourt, coll. « 20 ans », 2006.

Pascin

Pascin, t. 1, Paris, L'Association, coll. « Mimolette », 2000.
Pascin, t. 2, Paris, L'Association, coll. « Mimolette », 2000.
Pascin, t. 3, Paris, L'Association, coll. « Mimolette », 2000.
Pascin, t. 4, Paris, L'Association, coll. « Mimolette », 2000.
Pascin, t. 5, Paris, L'Association, coll. « Mimolette », 2001.
Pascin, t. 6, Paris, L'Association, coll. « Mimolette », 2002.
Pascin, intégrale, Paris, L'Association, coll. « Ciboulette », 2005.
Pascin. La java bleue, Paris, L'Association, 2005.

Le Minuscule Mousquetaire

Le Minuscule Mousquetaire, t. 1 : *L'Académie des Beaux-Arts*, Paris, Dargaud, coll. « Poisson pilote », 2001.
Le Minuscule Mousquetaire, t. 2 : *La Philosophie dans la baignoire*, Paris, Dargaud, coll. « Poisson pilote », 2004.
Le Minuscule Mousquetaire, t. 3 : *On ne patine pas avec l'amour*, Paris, Dargaud, coll. « Poisson pilote », 2006.
Le Minuscule Mousquetaire, intégrale, Paris, Dargaud, coll. « Poisson pilote », 2012.

Grand Vampire

Grand Vampire, t. 1 : *Cupidon s'en fout*, couleurs d'Audré Jardel, Paris, Delcourt, 2001.
Grand Vampire, t. 2 : *Mortelles en tête*, couleurs d'Audré Jardel, Paris, Delcourt, 2002.
Grand Vampire, t. 3 : *Transatlantique en solitaire*, couleurs d'Audré Jardel, Paris, Delcourt, 2002.
Grand Vampire, t. 4 : *Quai des brunes*, couleurs d'Audré Jardel, Paris, Delcourt, 2003.
Grand Vampire, t. 5 : *La Communauté des magiciens*, scénario de Joann Sfar et Sandrina Jardel, couleurs d'Audré Jardel, Paris, Delcourt, 2004.
Grand Vampire, t. 6 : *Le peuple est un Golem*, scénario de Joann Sfar et Sandrina Jardel, couleurs de Walter, Paris, Delcourt, coll. « Machinations », 2005.
Grand Vampire, t. 5 et 6, scénario de Joann Sfar et Sandrina Jardel, Paris, Delcourt, 2005, éd. limitée en noir et blanc avec 8 pages supplémentaires « Entretien avec un vampire », texte et croquis inédits.
Vampire, intégrale, scénario de Joann Sfar et Sandrina Jardel, couleurs de Walter, Paris, Delcourt, coll. « Mirages », 2013.

Le Chat du rabbin

Le Chat du rabbin, t. 1 : *La Bar-Mitsva*, couleurs de Brigitte Findakly, préface d'Éliette Abécassis, Paris, Dargaud, coll. « Poisson pilote », 2002.
Le Chat du rabbin, t. 2 : *Le Malka des Lions*, couleurs de Brigitte Findakly, préface de Mohamed Fellag, Paris, Dargaud, coll. « Poisson pilote », 2002.
Le Chat du rabbin, t. 3 : *L'Exode*, couleurs de Brigitte Findakly, préface de Georges Moustaki, Paris, Dargaud, coll. « Poisson pilote », 2003.
Le Chat du rabbin, t. 4 : *Le Paradis terrestre*, couleurs de Brigitte Findakly, préface de Philippe Val, Paris, Dargaud, coll. « Poisson pilote », 2005.
Le Chat du rabbin, t. 5 : *Jérusalem d'Afrique*, couleurs de Brigitte Findakly, préface de Jean Giraud, Paris, Dargaud, coll. « Poisson pilote », 2006 ; éd. limitée en noir et blanc, Paris, Dargaud, 2007.
Le Chat du rabbin, l'intégrale 1, couleurs de Brigitte Findakly, Paris, Dargaud, coll. « Poisson pilote », 2008.
Le Chat du rabbin, l'intégrale 2, couleurs de Brigitte Findakly, Paris, Dargaud, coll. « Poisson pilote », 2011.
Le Chat du rabbin, t. 6 : *Tu n'auras pas d'autre dieu que moi*, couleurs de Brigitte Findakly, Paris, Dargaud, coll. « Poisson pilote », 2015 ; éd. limitée en noir et blanc, Paris, Dargaud, 2015.
Le Chat du rabbin, t. 7 : *La Tour de Bab-El-Oued*, couleurs de Brigitte Findakly, Paris, Dargaud, coll. « Poisson pilote », 2017 ; éd. limitée en noir et blanc, Paris, Dargaud, 2017.
Le Chat du rabbin, t. 8 : *Petit panier aux amandes*, couleurs de Brigitte Findakly, Paris, Dargaud, coll. « Poisson pilote », 2018 ; éd. limitée en noir et blanc, Paris, Dargaud, 2018.
Le Chat du rabbin, t. 9 : *La Reine de Shabbat*, couleurs de Brigitte Findakly, Paris, Dargaud, coll. « Poisson pilote », 2019 ; éd. limitée en noir et blanc, Paris, Dargaud, 2019.
Le Chat du rabbin, t. 10 : *Rentrez chez vous !*, couleurs de Brigitte Findakly, Paris, Dargaud, coll. « Poisson pilote », 2020.
Le Chat du rabbin, t. 11 : *La Bible pour les chats*, couleurs de Brigitte Findakly, Paris, Dargaud, coll. « Poisson pilote », 2021.
Le Chat du rabbin, t. 1, 2 et 3, couleurs de Brigitte Findakly, Paris, Dargaud, coll. « Poisson pilote », 2022.
Le Chat du rabbin, t. 4 et 5, couleurs de Brigitte Findakly, Paris, Dargaud, coll. « Poisson pilote », 2022.
Le Chat du rabbin, t. 6 et 7, couleurs de Brigitte Findakly, Paris, Dargaud, coll. « Poisson pilote », 2022.
Le Chat du rabbin, t. 8 et 9, couleurs de Brigitte Findakly, Paris, Dargaud, coll. « Poisson pilote », 2022.
Le Chat du rabbin. Le livre des images, couleurs de Brigitte Findakly, Paris, Dargaud, coll. « Poisson pilote », 2022.
Le Chat du rabbin, t. 12 : *La Traversée de la mer Noire*, couleurs de Brigitte Findakly, Paris, Dargaud, coll. « Poisson pilote », 2023.

L'Atroce Abécédaire, Rosny-sous-Bois, Bréal jeunesse, 2003.

Monsieur Crocodile a beaucoup faim, Rosny-sous-Bois, Bréal jeunesse, 2003 ; Paris, Gallimard jeunesse, 2010 ; Paris, Gallimard, coll. « Folio junior », 2021.

La Sorcière et la Petite Fille, Rosny-sous-Bois, Bréal jeunesse, 2004.

Klezmer

Klezmer, t. 1 : *Conquête de l'Est*, préface de Marc-Alain Ouaknin, Paris, Gallimard, coll. « Bayou », 2005.
Klezmer, t. 2 : *Bon anniversaire*

Scylla, Paris, Gallimard, coll. « Bayou », 2006.
Klezmer, t. 3 : *Tous des voleurs !*, Paris, Gallimard, coll. « Bayou », 2007.
Klezmer, t. 4 : *Trapèze volant !*, Paris, Gallimard, coll. « Bayou », 2012.
Klezmer, t. 5 : *Kishinev-des-fous*, Paris, Gallimard, coll. « Bayou », 2014.
Klezmer, intégrale 1, Paris, Gallimard bande dessinée, 2022.
Klezmer, intégrale 2, Paris, Gallimard bande dessinée, 2022.

La Vallée des merveilles

La Vallée des merveilles, t. 1 : *Chasseur-cueilleur*, couleurs de Brigitte Findakly, Paris, Dargaud, 2006.

Le Bestiaire amoureux

Le Bestiaire amoureux, t. 1 : *Fernand le vampire*, couleurs d'Audrė Jardel, Paris, Delcourt, coll. « Mirages », 2007.
Le Bestiaire amoureux, t. 2 : *Mademoiselle Soupir*, couleurs d'Audrė Jardel, Paris, Delcourt, coll. « Mirages », 2007.
Le Bestiaire amoureux, t. 3 : *La Sorcière sans espoir*, scénario de Sandrina Jardel et Joann Sfar, couleurs d'Audrė Jardel, Paris, Delcourt, coll. « Mirages », 2007.
Le Bestiaire amoureux, t. 4 : *L'âge où on est morts*, couleurs de Walter, Paris, Delcourt, coll. « Mirages », 2007.

L'Ancien Temps

L'Ancien Temps, t. 1 : *Le roi n'embrasse pas*, couleurs de Brigitte Findakly, Paris, Gallimard bande dessinée, 2009.
L'Ancien Temps, t. 2 : *Puisque tout le monde veut la guerre*, couleurs d'Isabelle Rabarot et Brigitte Findakly, Paris, Gallimard bande dessinée, 2018.

Chagall en Russie

Chagall en Russie, première partie, couleurs de Brigitte Findakly, Paris, Gallimard, 2010.
Chagall en Russie, deuxième partie, couleurs de Brigitte Findakly, Paris, Gallimard, 2011.

Les Lumières de la France

Les Lumières de la France, t. 1 : *La Comtesse éponyme*, couleurs de Walter, Paris, Dargaud, 2011.

Tokyo, couleurs de Walter, photos de Philippe Charlot, Paris, Dargaud, 2012.

Fin de la parenthèse, couleurs de Brigitte Findakly, Paris, Rue de Sèvres, 2016.

Tu n'as rien à craindre de moi, couleurs de Brigitte Findakly, Paris, Rue de Sèvres, 2016.

Aspirine

Aspirine, t. 1, couleurs de Brigitte Findakly, Paris, Rue de Sèvres, 2018.
Aspirine, t. 2 : *Un vrai bain de sang*, couleurs de Brigitte Findakly, Paris, Rue de Sèvres, 2019.
Aspirine, t. 3 : *Monster Tinder*, couleurs de Brigitte Findakly, Paris, Rue de Sèvres, 2021.

Fashion Week. Le Niçois, Paris, Dargaud, 2020.

La Chanson de Renart

La Chanson de Renart, t. 1 : *Le Seigneur des entourloupes*, couleurs de Brigitte Findakly, Paris, Gallimard bande dessinée, 2020.
La Chanson de Renart, t. 2 : *La Magie sans miracle*, couleurs de Brigitte Findakly, Paris, Gallimard bande dessinée, 2021.

La Synagogue

La Synagogue, couleurs de Brigitte Findakly, Paris, Dargaud, 2022.
Les Idolâtres, couleurs de Brigitte Findakly, Paris, Dargaud, 2024 (à paraître).

Riviera, Paris, Sonatine Éditions, 2023.

CARNETS

Harmonica, Paris, L'Association, coll. « Côtelette », 2002.

Paris-Londres, Paris, L'Association, coll. « Ciboulette », 2002.

Ukulélé, Paris, L'Association, coll. « Côtelette », 2003.

Parapluie, Paris, L'Association, coll. « Côtelette », 2003.

Piano, Paris, L'Association, coll. « Côtelette », 2003.

Caravan, Paris, L'Association, coll. « Côtelette », 2005.

Les Carnets de Joann Sfar. Greffier, Paris, Delcourt, coll. « Shampooing », 2007.

Les Carnets de Joann Sfar. Missionnaire, Paris, Delcourt, coll. « Shampooing », 2007.

Les Carnets de Joann Sfar. Maharajah, Paris, Delcourt, coll. « Shampooing », 2008.

Les Carnets de Joann Sfar. Croisette, Paris, Delcourt, coll. « Shampooing », 2008.

Journal de merde, Paris, Gallimard, 2013.

À bicyclette. Un tour en France, couleurs de Walter, Paris, Gallimard/France Inter, 2014.

Je l'appelle monsieur Bonnard, Paris, Hazan, 2015.

Les Carnets de Joann Sfar. Si Dieu existe, Paris, Delcourt, coll. « Shampooing », 2015.

Les Carnets de Joann Sfar. Je t'aime ma chatte, Paris, Delcourt, coll. « Shampooing », 2015.

Si j'étais une femme, je m'épouserais, Vanves, Marabout, 2016.

Sfar, c'est arabe ?, Vanves, Marabout, 2018.

Hawaï !, Paris, Gallimard, 2019.

Comment maigrir, Paris, Gallimard bande dessinée, 2022.

On s'en fout quand on est mort, Paris, Gallimard bande dessinée, 2022.

Les enfants ne se laissaient pas faire, Paris, Gallimard bande dessinée, 2023.

BANDES DESSINÉES EN COLLABORATION

Petrus Barbygère

Petrus Barbygère, t. 1 : *L'Elficologue*, scénario de Pierre Dubois, dessin de Joann Sfar, couleurs de Joann Sfar, Paris, Delcourt, coll. « Terres de légendes », 1996.
Petrus Barbygère, t. 2 : *Le Croquemitaine d'écume*, scénario de Pierre Dubois, dessin de Joann Sfar, couleurs de Joann Sfar, Paris, Delcourt, coll. « Terres de légendes », 1997.
Petrus Barbygère, intégrale, scénario de Pierre Dubois, dessin de Joann Sfar, couleurs de Joann Sfar, Paris, Delcourt, coll. « Terres de légendes », 1998.

Les Potamoks

Les Potamoks, t. 1 : *Terra incognita*, scénario de Joann Sfar, dessin de José-Luis Munuera, couleurs de José-Luis Munuera, Paris, Delcourt, coll. « Terres de légendes », 1996.
Les Potamoks, t. 2 : *Les Fontaines rouges*, scénario de Joann Sfar, dessin de José-Luis Munuera, couleurs de Julia et José-Luis Munuera, Paris, Delcourt, coll. « Terres de légendes », 1996.
Les Potamoks, t. 3 : *Nous et le désert*, scénario de Joann Sfar, dessin de José-Luis Munuera, couleurs de Julia et José-Luis Munuera, Paris, Delcourt, coll. « Terres de légendes », 1997.

Troll

Troll, t. 1 : *Les Insoumis*, scénario de Jean-David Morvan et Joann Sfar, dessin d'Olivier Boiscommun, Paris, Delcourt, coll. « Terres de légendes », 1997.
Troll, t. 2 : *Le Dragon du donjon*, scénario de Jean-David Morvan et Joann Sfar, dessin d'Olivier Boiscommun, Paris, Delcourt, coll. « Terres de légendes », 1998.
Troll, t. 3 : *Mille et un ennuis*, scénario de Jean-David Morvan et Joann Sfar, dessin d'Olivier Boiscommun, Paris, Delcourt, coll. « Terres de légendes », 1999.

La Fille du professeur

La Fille du professeur, scénario de Joann Sfar, dessin d'Emmanuel Guibert, couleurs d'Emmanuel Guibert, Paris, Dupuis, coll. « Humour libre », 1997 ; coll. « Expresso », 2003 ; coll. « Aire libre », 2016.

Donjon Zénith

Donjon Zénith, t. 1 : *Cœur de canard*, scénario de Joann Sfar et Lewis Trondheim, dessin de Lewis Trondheim, couleurs de Lewis Trondheim, Paris, Delcourt, coll. « Humour de rire », 1998.
Donjon Zénith, t. 2 : *Le Roi de la bagarre*, scénario de Joann Sfar et Lewis Trondheim, dessin de Lewis Trondheim,

couleurs de Walter, Paris, Delcourt, coll. « Humour de rire », 1998.

Donjon Zénith, t. 3 : *La Princesse des barbares*, scénario de Joann Sfar et Lewis Trondheim, dessin de Lewis Trondheim, couleurs de Walter, Paris, Delcourt, coll. « Humour de rire », 1999.

Donjon Zénith, t. 4 : *Sortilège et avatar*, scénario de Joann Sfar et Lewis Trondheim, dessin de Lewis Trondheim, couleurs de Brigitte Findakly, Paris, Delcourt, coll. « Humour de rire », 2002.

Donjon Zénith, t. 5 : *Un mariage à part*, scénario de Joann Sfar, Lewis Trondheim et Boulet, dessin de Boulet, couleurs de Lucie Albon, Paris, Delcourt, coll. « Humour de rire », 2006.

Donjon Zénith, t. 6 : *Retour en fanfare*, scénario de Joann Sfar et Lewis Trondheim, dessin de Boulet, couleurs de Lucie Albon et Boulet, Paris, Delcourt, coll. « Humour de rire », 2007.

Donjon Zénith, t. 7 : *Hors des remparts*, scénario de Joann Sfar et Lewis Trondheim, dessin de Boulet, couleurs de Boulet, Paris, Delcourt, coll. « Humour de rire », 2020.

Donjon Zénith, t. 8 : *En sa mémoire*, scénario de Joann Sfar et Lewis Trondheim, dessin de Boulet, couleurs de Boulet, Paris, Delcourt, coll. « Humour de rire », 2020.

Donjon Zénith, t. 9 : *Larmes et brouillard*, scénario de Joann Sfar et Lewis Trondheim, dessin de Boulet, couleurs de Walter, Paris, Delcourt, coll. « Humour de rire », 2022.

Donjon Zénith, t. 10 : *Formule incantatoire*, scénario de Joann Sfar et Lewis Trondheim, dessin de Boulet, couleurs de Walter, Paris, Delcourt, coll. « Humour de rire », 2023.

<u>*Donjon Crépuscule*</u>

Donjon Crépuscule, t. 101 : *Le Cimetière des dragons*, scénario de Joann Sfar et Lewis Trondheim, dessin de Joann Sfar, couleurs de Walter, Paris, Delcourt, coll. « Humour de rire », 1999.

Donjon Crépuscule, t. 102 : *Le Volcan des Vaucanson*, scénario de Joann Sfar et Lewis Trondheim, dessin de Joann Sfar, couleurs de Walter, Paris, Delcourt, coll. « Humour de rire », 2001.

Donjon Crépuscule, t. 103 : *Armageddon*, scénario de Joann Sfar et Lewis Trondheim, dessin de Joann Sfar, couleurs de Walter, Paris, Delcourt, coll. « Humour de rire », 2002.

Donjon Crépuscule, t. 104 : *Le Dojo du lagon*, scénario de Joann Sfar et Lewis Trondheim, dessin de Kerascoët, couleurs de Walter, Paris, Delcourt, coll. « Humour de rire », 2005.

Donjon Crépuscule, t. 105 : *Les Nouveaux Centurions*, scénario de Joann Sfar et Lewis Trondheim, dessin de Kerascoët, couleurs de Walter, Paris, Delcourt, coll. « Humour de rire », 2006.

Donjon Crépuscule, t. 106 : *Révolutions*, scénario de Joann Sfar et Lewis Trondheim, dessin d'Obion, couleurs de Walter, Paris, Delcourt, coll. « Humour de rire », 2009.

Donjon Crépuscule, t. 110 : *Haut septentrion*, scénario de Joann Sfar et Lewis Trondheim, dessin d'Alfred, couleurs de Walter, Paris, Delcourt, coll. « Humour de rire », 2014.

Donjon Crépuscule, t. 111 : *La Fin du donjon*, scénario de Joann Sfar et Lewis Trondheim, dessin de Mazan, couleurs de Walter, Paris, Delcourt, coll. « Humour de rire », 2014.

Donjon Crépuscule, t. 112 : *Pourfendeurs de démons*, scénario de Joann Sfar et Lewis Trondheim, dessin d'Obion, couleurs de Walter, Paris, Delcourt, coll. « Humour de rire », 2021.

<u>*Donjon Potron-Minet*</u>

Donjon Potron-Minet, t. 99 : *La Chemise de la nuit*, scénario de Joann Sfar et Lewis Trondheim, dessin de Christophe Blain, couleurs de Walter, Paris, Delcourt, coll. « Humour de rire », 1999.

Donjon Potron-Minet, t. 98 : *Un justicier dans l'ennui*, scénario de Joann Sfar et Lewis Trondheim, dessin de Christophe Blain, couleurs de Walter, Paris, Delcourt, coll. « Humour de rire », 2001.

Donjon Potron-Minet, t. 97 : *Une jeunesse qui s'enfuit*, scénario de Joann Sfar et Lewis Trondheim, dessin de Christophe Blain, couleurs de Walter, Paris, Delcourt, coll. « Humour de rire », 2003.

Donjon Potron-Minet, t. 84 : *Après la pluie*, scénario de Joann Sfar et Lewis Trondheim, dessin de Christophe Blain, couleurs de Walter, Paris, Delcourt, coll. « Humour de rire », 2006.

Donjon Potron-Minet, t. 83 : *Sans un bruit*, scénario de Joann Sfar et Lewis Trondheim, dessin de Christophe Gaultier, couleurs de Walter, Paris, Delcourt, coll. « Humour de rire », 2008.

Donjon Potron-Minet, t. 82 : *Survivre aujourd'hui*, scénario de Joann Sfar et Lewis Trondheim, dessin de Stéphane Oiry, couleurs de Walter, Paris, Delcourt, coll. « Humour de rire », 2022.

<u>*Donjon Parade*</u>

Donjon Parade, t. 1 : *Un donjon de trop*, scénario de Joann Sfar et Lewis Trondheim, dessin de Manu Larcenet, couleurs de Walter, Paris, Delcourt, coll. « Humour de rire », 2000.

Donjon Parade, t. 2 : *Le Sage du ghetto*, scénario de Joann Sfar et Lewis Trondheim, dessin de Manu Larcenet, couleurs de Walter, Paris, Delcourt, coll. « Humour de rire », 2001.

Donjon Parade, t. 3 : *Le Jour des crapauds*, scénario de Joann Sfar et Lewis Trondheim, dessin de Manu Larcenet, couleurs de Walter, Paris, Delcourt, coll. « Humour de rire », 2002.

Donjon Parade, t. 4 : *Des fleurs et des marmots*, scénario de Joann Sfar et Lewis Trondheim, dessin de Manu Larcenet, couleurs de Walter, Paris, Delcourt, coll. « Humour de rire », 2004.

Donjon Parade, intégrale, scénario de Joann Sfar et Lewis Trondheim, dessin de Manu Larcenet, couleurs de Walter, Paris, Delcourt, coll. « Humour de rire », 2006.

Donjon Parade, t. 5 : *Technique Grogro*, scénario de Joann Sfar et Lewis Trondheim, dessin de Manu Larcenet, couleurs de Walter, Paris, Delcourt, coll. « Humour de rire », 2007.

Donjon Parade, t. 6 : *Garderie pour petiots*, scénario de Joann Sfar et Lewis Trondheim, dessin d'Alexis Nesme, couleurs d'Alexis Nesme, Paris, Delcourt, coll. « Humour de rire », 2021.

Donjon Bonus. Clefs en main, jeu de rôles, textes d'Arnaud Moragues, dessin de Joann Sfar et Lewis Trondheim, Paris, Delcourt, coll. « Humour de rire », 2001.

<u>*Donjon Monsters*</u>

Donjon Monsters, t. 1 : *Jean-Jean la Terreur*, scénario de Joann Sfar et Lewis Trondheim, dessin de Mazan, couleurs de Walter, Paris, Delcourt, coll. « Humour de rire », 2001.

Donjon Monsters, t. 2 : *Le géant qui pleure*, scénario de Joann Sfar et Lewis Trondheim, dessin de Jean-Christophe Menu, couleurs de Walter, Paris, Delcourt, coll. « Humour de rire », 2001.

Donjon Monsters, t. 3 : *La Carte majeure*, scénario de Joann Sfar et Lewis Trondheim, dessin d'Andreas, couleurs de Walter, Paris, Delcourt, coll. « Humour de rire », 2002.

Donjon Monsters, t. 4 : *Le Noir Seigneur*, scénario de Joann Sfar et Lewis Trondheim, dessin de Stéphane Blanquet, couleurs de Stéphane Blanquet, Paris, Delcourt, coll. « Humour de rire », 2003.

Donjon Monsters, t. 5 : *La Nuit du tombeur*, scénario de Joann Sfar et Lewis Trondheim, dessin de Jean-Emmanuel Vermot-Desroches, couleurs de Walter, Paris, Delcourt, coll. « Humour de rire », 2003.

Donjon Monsters, t. 6 : *Du ramdam chez les brasseurs*, scénario de Joann Sfar et Lewis Trondheim, dessin de Yoann, couleurs de Yoann, Paris, Delcourt, coll. « Humour de rire », 2003.

Donjon Monsters, t. 7 : *Mon fils le tueur*, scénario de Joann Sfar et Lewis Trondheim, dessin de Blutch, couleurs de Walter, Paris, Delcourt, coll. « Humour de rire », 2003.

Donjon Monsters, t. 8 : *Crève-cœur*, scénario de Joann Sfar et Lewis Trondheim, dessin de Carlos Nine, couleurs de Carlos Nine, Paris, Delcourt, coll. « Humour de rire », 2004.

Donjon Monsters, t. 9 : *Les Profondeurs*, scénario de Joann Sfar et Lewis Trondheim, dessin de Killoffer, couleurs de Walter, Paris, Delcourt, coll. « Humour de rire », 2004.

Donjon Monsters, t. 10 : *Des soldats d'honneur*, scénario de Joann Sfar et Lewis Trondheim, dessin de Frédéric Bézian, couleurs de Walter, Paris, Delcourt, coll. « Humour de rire », 2006.

Donjon Monsters, t. 11 : *Le Grand Animateur*, scénario de Joann Sfar et Lewis Trondheim, dessin de Stanislas, couleurs

de Dominique Thomas et Robin Doo, Paris, Delcourt, coll. « Humour de rire », 2007.
Donjon Monsters, t. 12 : *Le Grimoire de l'inventeur*, scénario de Joann Sfar et Lewis Trondheim, dessin de Nicolas Keramidas, couleurs de Walter, Paris, Delcourt, coll. « Humour de rire », 2008.
Donjon Monsters, t. 13 : *Réveille-toi et meurs*, scénario de Joann Sfar et Lewis Trondheim, dessin de David B., couleurs de Walter, Paris, Delcourt, coll. « Humour de rire », 2020.
Donjon Monsters, t. 14 : *La Bière supérieure*, scénario de Joann Sfar et Lewis Trondheim, dessin de Bastien Quignon, couleurs de Bastien Quignon, Paris, Delcourt, coll. « Humour de rire », 2021.
Donjon Monsters, t. 15 : *Les Poupoutpapillonneurs*, scénario de Joann Sfar et Lewis Trondheim, dessin de Juanungo, couleurs de Juanungo, Paris, Delcourt, coll. « Humour de rire », 2022.
Donjon Monsters, t. 16 : *Quelque part ailleurs*, scénario de Joann Sfar et Lewis Trondheim, dessin de Guy Delisle, couleurs de Walter, Paris, Delcourt, coll. « Humour de rire », 2022.
Donjon Monsters, t. 17 : *Un héritage trompeur*, scénario de Joann Sfar et Lewis Trondheim, dessin de Bertrand Gatignol, couleurs de Walter et Bertrand Gatignol, Paris, Delcourt, coll. « Humour de rire », 2023.

Donjon Antipodes

Donjon Antipodes, -10000 : *L'Armée du crâne*, scénario de Joann Sfar et Lewis Trondheim, dessin de Grégory Panaccione, couleurs de Walter, Paris, Delcourt, coll. « Humour de rire », 2020.
Donjon Antipodes, -9999 : *L'Inquisiteur mégalomane*, scénario de Joann Sfar et Lewis Trondheim, dessin de Grégory Panaccione, couleurs de Walter, Paris, Delcourt, coll. « Humour de rire », 2021.
Donjon Antipodes, +10000 : *Rubéus Khan*, scénario de Joann Sfar et Lewis Trondheim, dessin de Vince, couleurs de Walter, Paris, Delcourt, coll. « Humour de rire », 2020.
Donjon Antipodes, +10001 : *Le Coffre aux âmes*, scénario de Joann Sfar et Lewis Trondheim, dessin de Vince, couleurs de Walter, Paris, Delcourt, coll. « Humour de rire », 2022.

Merlin

Merlin, t. 1 : *Jambon et tartine*, scénario de Joann Sfar, dessin de José-Luis Munuera, couleurs de Julia, Paris, Dargaud, 1999.
Merlin, t. 2 : *Contre le Père Noël*, scénario de Joann Sfar, dessin de José-Luis Munuera, couleurs de Julia, Paris, Dargaud, 1999.
Merlin, t. 3 : *Va à la plage*, scénario de Joann Sfar, dessin de José-Luis Munuera, couleurs de Walter, Paris, Dargaud, 2000.
Merlin, t. 4 : *Le Roman de la mère de Renart*, scénario de Joann Sfar, dessin de José-Luis Munuera, couleurs de Walter, Paris, Dargaud, 2001.
Merlin, l'intégrale 1, scénario de Joann Sfar, dessin de José-Luis Munuera, couleurs de Julia et Walter, Paris, Dargaud, 2018.
Merlin, l'intégrale 2, scénario de Joann Sfar et Jean-David Morvan, dessin de José-Luis Munuera, couleurs de Julia, Walter et Christian Lerolle, Paris, Dargaud, 2019.

Sardine de l'espace, Bayard

Sardine de l'espace, t. 1 : *Le Doigt dans l'œil*, scénario d'Emmanuel Guibert, dessin de Joann Sfar, couleurs de Walter, Paris, Bayard poche, 2000 ; Bayard jeunesse, coll. « Bayard BD », 2004.
Sardine de l'espace, t. 2 : *Le Bar des ennemis*, scénario d'Emmanuel Guibert, dessin de Joann Sfar, couleurs de Walter, Paris, Bayard poche, 2000 ; Bayard jeunesse, coll. « Bayard BD », 2004.
Sardine de l'espace, t. 3 : *La Machine à laver la cervelle*, scénario d'Emmanuel Guibert, dessin de Joann Sfar, couleurs de Walter, Paris, Bayard poche, 2001 ; Bayard jeunesse, coll. « Bayard BD », 2004.
Sardine de l'espace, t. 4 : *Les Voleurs de yaourts*, scénario d'Emmanuel Guibert, dessin de Joann Sfar, couleurs de Walter, Paris, Bayard poche, 2001 ; Bayard jeunesse, coll. « Bayard BD », 2005.
Sardine de l'espace, t. 5 : *Le Championnat de boxe*, scénario d'Emmanuel Guibert, dessin de Joann Sfar, couleurs de Walter, Paris, Bayard poche, 2002 ; Bayard jeunesse, coll. « Bayard BD », 2005.
Sardine de l'espace, t. 6 : *Le Capitaine Tout Rouge*, scénario d'Emmanuel Guibert, dessin de Joann Sfar, couleurs de Walter, Paris, Bayard poche, 2002.
Sardine de l'espace, t. 7 : *La Grande Sardine*, scénario d'Emmanuel Guibert, dessin de Joann Sfar, couleurs de Walter, Paris, Bayard poche, 2003.
Sardine de l'espace, t. 8 : *Les Tatouages carnivores*, scénario d'Emmanuel Guibert, dessin de Joann Sfar, couleurs de Walter, Paris, Bayard poche, 2003.

Sardine de l'espace, Dargaud

Sardine de l'espace, t. 1 : *Platine laser*, scénario d'Emmanuel Guibert, dessin de Joann Sfar, couleurs de Walter, Paris, Dargaud, 2007.
Sardine de l'espace, t. 2 : *Zacar et les Zacariens*, scénario d'Emmanuel Guibert, dessin de Joann Sfar, couleurs de Walter, Paris, Dargaud, 2007.
Sardine de l'espace, t. 3 : *Il faut éliminer Toxine*, scénario d'Emmanuel Guibert, dessin de Joann Sfar, couleurs de Walter, Paris, Dargaud, 2008.
Sardine de l'espace, t. 4 : *Le Remonte-Kiki*, scénario d'Emmanuel Guibert, dessin de Joann Sfar, couleurs de Walter, Paris, Dargaud, 2008.

Urani, t. 1 : *La Ville des mauvais rêves*, scénario et dessin avec David B., Paris, Dargaud, coll. « Poisson pilote », 2000.

Vampires

Vampires, scénario de Bengal, Benjamin Carré, Caza, Christophe Chabouté, Hubert, Hugues Labiano, David Lloyd, Richard Marazano, Jean-David Morvan, Emmanuel Moynot, Fabrice Neaud, Gérald Parel, Muriel Sevestre, Joann Sfar, Bryan Talbot, dessin de Philippe Buchet, Benjamin Carré, Caza, Christophe Chabouté, François Duprat, Hugues Labiano, David Lloyd, Emmanuel Moynot, Fabrice Neaud, Gérald Parel, Benoît Springer, Yoann, Paris, Carabas, coll. « Museum », 2001.

Les Olives noires

Les Olives noires, t. 1 : *Pourquoi cette nuit est-elle différente des autres nuits ?*, scénario de Joann Sfar, dessin d'Emmanuel Guibert, couleurs de Walter, Paris, Dupuis, coll. « Repérages », 2001.
Les Olives noires, t. 2 : *Adam Harishon*, scénario de Joann Sfar, dessin d'Emmanuel Guibert, couleurs de Walter, Paris, Dupuis, coll. « Repérages », 2002.
Les Olives noires, t. 3 : *Tu ne mangeras pas le chevreau dans le lait de sa mère*, scénario de Joann Sfar, dessin d'Emmanuel Guibert, couleurs de Walter, Paris, Dupuis, coll. « Repérages », 2003.

Socrate le demi-chien

Socrate le demi-chien, t. 1 : *Héraclès*, scénario de Joann Sfar, dessin de Christophe Blain, couleurs d'Audrė Jardel, Paris, Dargaud, coll. « Poisson pilote », 2002.
Socrate le demi-chien, t. 2 : *Ulysse*, scénario de Joann Sfar, dessin de Christophe Blain, couleurs d'Audrė Jardel, Paris, Dargaud, coll. « Poisson pilote », 2004.
Socrate le demi-chien, t. 3 : *Œdipe à Corinthe*, scénario de Joann Sfar, dessin de Christophe Blain, couleurs de Clémence Sapin et Christophe Blain, Paris, Dargaud, coll. « Poisson pilote », 2009.

Jeangot, t. 1 : *Renard Manouche*, scénario de Joann Sfar, dessin de Clément Oubrerie, couleurs de Clément Oubrerie et Philippe Bruno, Paris, Gallimard, 2012.

Stars of the Stars, scénario de Joann Sfar, dessin de Pénélope Bagieu, Paris, Gallimard, 2013.

Petit Vampire

Petit Vampire, acte 1 : *Le Serment des pirates*, scénario de Sandrina Jardel et Joann Sfar, dessin de Joann Sfar, couleurs de Brigitte Findakly, Paris, Rue de Sèvres, 2017.
Petit Vampire, acte 2 : *La maison de la terreur qui fait peur*, scénario de Sandrina Jardel et Joann Sfar, dessin de Joann Sfar, couleurs de Brigitte Findakly, Paris, Rue de Sèvres, 2018.
Petit Vampire, acte 3 : *On ne joue pas avec la vie*, scénario de Sandrina Jardel et Joann Sfar, dessin de Joann Sfar, couleurs de Brigitte Findakly, Paris, Rue de Sèvres, 2019.

Une aventure du lieutenant Blueberry

Une aventure du lieutenant Blueberry, t. 1 : *Amertume apache*, scénario de Christophe Blain et Joann Sfar, dessin de Christophe Blain, couleurs de Christophe Blain et Clémence Sapin, d'après l'œuvre de Jean-Michel Charlier et Jean Giraud, Paris, Dargaud, 2019 ; éd. limitée en noir et blanc, Paris, Dargaud, 2019.

Commando barbare

Commando barbare, t. 1 : *Burrato le vertueux*, scénario de Joann Sfar, dessin de Nicolas Keramidas, couleurs de Walter, Grenoble, Glénat, 2021.
Commando barbare, t. 2 : *Mozzarello le chaotique*, scénario de Joann Sfar, dessin de Nicolas Keramidas, couleurs de Walter, Grenoble, Glénat, 2022.

Le Ministère secret

Le Ministère secret, t. 1 : *Héros de la République*, scénario de Joann Sfar, dessin de Mathieu Sapin, couleurs de Walter, Paris, Dupuis, 2021.
Le Ministère secret, t. 2 : *Trembler en France*, scénario de Joann Sfar, dessin de Mathieu Sapin, couleurs de Walter, Paris, Dupuis, 2021.
Le Ministère secret, t. 3 : *Le Sphincter de Moscou – enquêtes présidentielles*, scénario de Joann Sfar, dessin de Mathieu Sapin, couleurs de Walter, Paris, Dupuis, 2022.

Héliotrope

Héliotrope, t. 1 : *Les Voleurs de magie*, scénario de Joann Sfar, dessin de Benjamin Chaud, couleurs d'Isabelle Rabarot, Paris, Dupuis, 2022.
Héliotrope, t. 2 : *Le Palais des voleurs*, scénario de Joann Sfar, dessin de Benjamin Chaud, couleurs d'Isabelle Rabarot, Paris, Dupuis, 2022.

ADAPTATIONS LITTÉRAIRES EN BANDE DESSINÉE

Le Petit Prince, d'après l'œuvre d'Antoine de Saint-Exupéry, couleurs de Brigitte Findakly, Paris, Gallimard jeunesse, coll. « Fétiche », 2008 ; éd. en noir et blanc, 2011 ; Gallimard, coll. « Folio », 2011 ; édition spéciale pour les 10 ans du catalogue Gallimard bande dessinée, 2015.

LA PETITE BIBLIOTHÈQUE PHILOSOPHIQUE DE JOANN SFAR

Le Banquet. Platon, Rosny-sous-Bois, Bréal, coll. « La Petite Bibliothèque philosophique de Joann Sfar », 2002.

Candide. Voltaire, Rosny-sous-Bois, Bréal, coll. « La Petite Bibliothèque philosophique de Joann Sfar », 2003.

ESSAIS ET ROMANS

L'Homme-Arbre, t. 1 : *L'Étoile polaire*, Paris, Denoël, coll. « Denoël graphic », 2004.

Trois histoires de Petit Vampire. Victime de la mode, textes de Sandrina Jardel et Joann Sfar, dessins de Joann Sfar, Paris, Delcourt jeunesse, 2004.

Trois histoires de Petit Vampire. Docteur Marguerite, textes de Sandrina Jardel et Joann Sfar, dessins de Joann Sfar, Paris, Delcourt jeunesse, 2004.

L'Homme-Arbre, t. 2 : *Maison étroite*, Paris, Denoël, coll. « Denoël graphic », 2005.

L'Éternel, roman, Paris, Albin Michel, 2013 ; Le Livre de poche, 2014.

Grandclapier. Un roman de l'ancien temps, Paris, Gallimard, 2014.

Le Plus Grand Philosophe de France, roman, Paris, Albin Michel, 2014 ; Le Livre de poche, 2016.

Le Niçois, roman, Neuilly-sur-Seine, Michel Lafon, 2016 ; Le Grand Livre du mois, 2016 ; Le Livre de poche, 2017.

Comment tu parles de ton père, roman, Paris, Albin Michel, 2016 ; Le Livre de poche, 2018.

Le Complexe de Shéhérazade, avec Adèle Van Reeth, Paris, Éditions de l'Observatoire, coll. « Des vies et des mots », 2018.

Créer. Les masterclasses de France Culture, avec Jean-Claude Ameisen, Maylis de Kerangal, Amélie Nothomb, Jean Nouvel, Denis Podalydès, Angelin Preljocaj, Joann Sfar, Paris, L'Iconoclaste/France Culture, 2018.

Vous connaissez peut-être, roman, Paris, Albin Michel, 2017 ; Le Livre de poche, 2019.

Farniente, roman, Neuilly-sur-Seine, Michel Lafon, 2018 ; Le Livre de poche, 2020.

Modèle vivant, roman, Paris, Albin Michel, 2018 ; Le Livre de poche, 2020.

Petit Vampire. Le film d'horreur, roman, Paris, L'école des loisirs, coll. « Neuf », 2020.

Petit Vampire. Le pouvoir du dragon, roman, Paris, L'école des loisirs, coll. « Neuf », 2020.

Petit Vampire. Le château sans thé, roman, Paris, L'École des loisirs, coll. « Neuf », 2021.

Le Dernier Juif d'Europe, roman, Paris, Albin Michel, 2020 ; Le Livre de poche, 2022.

LIVRES D'ART

Gainsbourg (hors champ), Paris, Dargaud, 2009.

Gainsbourg (images), Paris, Dargaud, 2009.

L'Art du Chat du rabbin, avec Antoine Delesvaux et la participation de Serge Moati (entretien avec Joann Sfar), Paris, Dargaud, 2011.

Brassens ou La Liberté, cat. exp. sous la dir. de Clémentine Deroudille, textes et dessins de Joann Sfar, couleurs de Walter, Paris, Cité de la musique, 15 mars-21 août 2011, Paris, Dargaud/Cité de la musique, 2011.

ILLUSTRATION

Brigitte Coppin, *Des animaux fantastiques*, illustrations de Joann Sfar, Christophe Blain et Christophe Durual, Paris, Nathan, 1998 ; 2005.

Gilles Massardier, *Contes et récits des héros du Moyen Âge*, illustrations de Joann Sfar, Paris, Nathan, 1999 ; 2011.

Arnaud Alméras, *L'Île aux pirates*, illustrations de Joann Sfar, Paris, Bayard jeunesse, coll. « J'aime lire », 2002.

Sandrina Jardel, *Orang-Outan*, illustrations de Joann Sfar, Rosny-sous-Bois, Bréal jeunesse, 2003 ; Gallimard jeunesse, coll. « Folio cadet », 2008.

Paroles sans papiers, dessins de Lorenzo Mattotti, Joann Sfar, Gipi, Jérôme Jouvray, Cyril Pedrosa, Kokor, Brüno, Frederik Peeters, Alfred, sous la dir. d'Alfred et David Chauvel, texte de Michaël Le Galli, Paris, Delcourt, 2008.

Brassens, chansons illustrées par Joann Sfar, Paris, Gallimard, 2011.

Romain Gary, *La Promesse de l'aube*, illustrations de Joann Sfar, Paris, Futuropolis/Gallimard, 2014 ; Futuropolis/Gallimard, 2014, éd. limitée accompagnée de 5 portraits de Romain Gary par Joann Sfar.

Marie Salomé Peyronnel, *Le livre qui console*, illustrations de Joann Sfar, Paris, Flammarion, 2014.

Véronique Ovaldé, *À cause de la vie*, illustrations de Joann Sfar, Paris, Flammarion, 2017 ; J'ai lu, 2018.

Les Fables de La Fontaine, illustrations de Joann Sfar, Neuilly-sur-Seine, Michel Lafon, 2018.

Le Petit Prince, illustrations de Joann Sfar d'après l'œuvre d'Antoine de Saint-Exupéry, composition de Marc-Olivier Dupin, avec l'Orchestre de chambre de Paris, raconté par Benoît Marchand, Paris, Gallimard jeunesse musique, 2019.

Douglas Kennedy, *Aurore et ses fabuleuses aventures*, illustrations de Joann Sfar, Paris, Pocket jeunesse, 2019.

Douglas Kennedy, *Aurore et le mystère de la chambre secrète*, illustrations de Joann Sfar, Paris, Pocket jeunesse, 2020.

Dessine-moi Le Petit Prince. *Hommage au héros de Saint-Exupéry*, texte d'Antoine de Saint-Exupéry, *Le Petit Prince*, illustrations de Cestac, Derib, Manara, Moebius, Pratt, Sfar, Uderzo..., Paris, Gallimard, 2021.

Douglas Kennedy, *Aurore et l'incroyable énigme de New York*, illustrations de Joann Sfar, Paris, Pocket jeunesse, 2022.

PÉRIODIQUES

Le Cheval sans tête, n° 1, Wissous, Dissidence Art Work, 1993.

Le Cheval sans tête, n° 2, Wissous, Dissidence Art Work, 1994.
Le Cheval sans tête, n° 4, Wissous, Dissidence Art Work, 1995.

Lapin, n° 5, Paris, L'Association, 1994.
Lapin, n° 6, Paris, L'Association, 1994.
Lapin, n° 7, Paris, L'Association, 1995.
Lapin, n° 8, Paris, L'Association, 1995.
Lapin, n° 9, Paris, L'Association, 1995.
Lapin, n° 11, Paris, L'Association, 1996.
Lapin, n° 12, Paris, L'Association, 1996.
Lapin, n° 13, Paris, L'Association, 1996.
Hommage à Monsieur Pinpon, Paris, L'Association, 1997.
Lapin, n° 14, Paris, L'Association, 1997.
Lapin, n° 15, Paris, L'Association, 1997.
Lapin, n° 16, Paris, L'Association, 1997.
Lapin, n° 18, Paris, L'Association, 1998.
Lapin, n° 19, Paris, L'Association, 1998.
Lapin, n° 20, Paris, L'Association, 1998.
Lapin, n° 22, Paris, L'Association, 1998.
Comix 2000, Paris, L'Association, 1999.
Lapin, n° 24, Paris, L'Association, 1999.
Cahier de lapins, Paris, L'Association, 2000.
Lapin, n° 26, Paris, L'Association, 2001.
Lapin, n° 27, Paris, L'Association, 2001.
Lapin, n° 28, Paris, L'Association, 2001.
Lapin, n° 29, Paris, L'Association, 2001.

Oupus 2, Paris, L'Association, 2003.
L'Éprouvette, n° 1, Paris, L'Association, 2006.
Quoi !, Paris, L'Association, 2011.

Kocliko, n° 1, Paris, Le 9e Monde, 1999.

Charlie Hebdo, de mi-2004 à septembre 2005.

Journal de merde, Paris, Gallimard, 2013 [planches publiées tous les jours sur telerama.fr, entre mai et novembre 2012].

Normal, Paris, Dargaud, 2014 [dessins publiés sur internet en 2014].

Articles et dessins publiés sur huffingtonpost.fr, entre le 5 mai 2015 et le 28 août 2017.

Paris Match, depuis le 18 janvier 2016.

Paris sous les eaux, Paris, Gallimard, 2018 [dessins publiés dans *Paris Match*].

À la fin des catastrophes, Paris, Gallimard, 2022 [dessins publiés dans *Paris Match*].

ÉTUDES SUR JOANN SFAR

Livres

La Nouvelle Bande dessinée : Blain, Blutch, David B., de Crécy, Dupuy-Berberian, Guibert, Rabaté, Sfar, entretiens avec Hugues Dayez, Bruxelles, Niffle, 2004.

Mathieu Sapin, *Feuille de chou (journal d'un tournage)*, Paris, Delcourt, coll. « Shampooing », 2010.

Mathieu Sapin, *Feuille de chou (journal d'un après-tournage)*, Paris, Delcourt, coll. « Shampooing », 2010.

Jean Pichinoty, « De Sfar au lecteur : l'émulation exponentielle », *Citrouille*, n° 57, novembre 2010.

Groupe Acme, *L'Association. Une utopie éditoriale et esthétique*, sous la dir. d'Erwin Dejasse, Tanguy Habrand et Gert Meesters, Bruxelles/Paris, Les Impressions nouvelles, coll. « Réflexions faites », 2011.

Thierry Groensteen, *Entretiens avec Joann Sfar*, Bruxelles, Les Impressions nouvelles, 2012.

Fabrice Leroy, *Sfar so Far*, Louvain, Leuven University Press, coll. « Studies in European Comics and Graphic Novels », 2015.

Documentaires

Dessinateurs de bande dessinée : une aventure graphique, 2, Thierry Imbert, François Cardon et Roland Carrière (réal.), Centre national de documentation pédagogique/France 5, 2002, 39 min.

Joann Sfar & associés, William Karel (réal.), Arte France/INA, 2004, 26 min.

Joann Sfar (dessins), Mathieu Amalric (réal.), Arte/Les Films du poisson, 2010, 43 min 39 s.

FILMS ET ADAPTATIONS AUDIOVISUELLES

Série d'animation

Petit Vampire, scénario Sandrina Jardel et Joann Sfar, réalisation Christian Choquet et Gilles Deyriès, direction artistique Joann Sfar, France, France 3, 2004, 52 épisodes, 13 min.
Sardine de l'espace, réalisation David Garcia, direction artistique Joann Sfar, musique Olivier Daviaud, France, Toon Factory, 2019, 52 épisodes, 12 min.

Longs et courts métrages d'animation

Merlin contre le Père Noël : un conte de Noël déjanté ! réalisation Serge Elissalde, scénario Catherine Taillefer, France, Les Films de l'Arlequin, 2003, 30 min.

Merlin contre les esprits d'Halloween, réalisation Moran Caouissin et Serge Elissalde, scénario Catherine Taillefer et Franck Ekinci, France, Les Films de l'Arlequin, 2005, 26 min.

Le Chat du rabbin, scénario Sandrina Jardel et Joann Sfar, réalisation Antoine Delesvaux et Joann Sfar, direction animation Jean-Christophe Dessaint, musique Olivier Daviaud, France, Autochenille production, 2011, 100 min.

Petit Vampire, scénario Sandrina Jardel et Joann Sfar, réalisation Joann Sfar, direction artistique Antoine Delesvaux, musique Olivier Daviaud, France, Autochenille production, octobre 2020, 81 min.

Longs métrages de fiction

Gainsbourg (vie héroïque), scénario Sandrina Jardel et Joann Sfar, réalisation Joann Sfar, photographie Guillaume Schiffman, musique Olivier Daviaud, France, One World, 2010, 130 min.

La Dame dans l'auto avec des lunettes et un fusil, scénario Patrick Godeau et Gilles Marchand, d'après le roman de Sébastien Japrisot, réalisation Joann Sfar, photographie Manuel Dacosse, musique Agnès Olier, France, Alicéleo, Versus Production, Waiting for Cinéma, Wild Bunch, 2015, 93 min.

Film documentaire

Hawaï, l'âme du ukulélé, réalisation Antoine Laguerre, avec Joann Sfar, Zed pour Arte France, 2020, 52 min.

Cet ouvrage est publié sous la direction de Clémentine Deroudille, Thomas Ragon et Paul Salmona, à l'occasion de l'exposition «Joann Sfar. La vie dessinée» présentée au musée d'art et d'histoire du Judaïsme, Paris, du 12 octobre 2023 au 12 mai 2024.

Commissaires de l'exposition
Clémentine Deroudille et Thomas Ragon

Scénographie
Jean-Julien Simonot

Conception graphique de l'exposition
Philippe Ravon

Graphisme de l'exposition
Savannah Lemonnier

Musée d'art et d'histoire du Judaïsme

Présidente
Dominique Schnapper

Directeur
Paul Salmona

Secrétaire générale
Marion Bunan

Assistante de direction
Marie-Josée Spinosa

Coordination
Dorota Sniezek

Régie des œuvres
Sophie Rodrigues

Régie des espaces
Victor Torossi, assisté de Georgeta Mocanu, Michel Naid et Joanne Samson

Encadrements
Yann Sanchez

Communication et publics
Muriel Sassen, avec Sandrine Adass, Marie-Pierre Delaporte et Louise Tellier

Auditorium
Sophie Andrieu et Joseph Hirsch

Éducation et médiation
Élise Malka et Virginie Genest

Bibliothèque
Judith Lindenberg et Rachel Koskas

Remerciements

L'exposition a bénéficié du soutien de la direction régionale des Affaires culturelles d'Île-de-France – ministère de la Culture, de la Délégation interministérielle à la lutte contre le racisme, l'antisémitisme et la haine anti-LGBT, de la fondation pour la Mémoire de la Shoah, de la fondation Rothschild – Institut Alain de Rothschild et de la fondation Pro mahJ.

Le musée d'art et d'histoire du Judaïsme est subventionné par le ministère de la Culture et par la Mairie de Paris.

Cette exposition n'aurait pu avoir lieu sans la collaboration et les prêts exceptionnels de Joann Sfar, ainsi que des collectionneurs suivants :

PARIS
9e Art Références, Bernard Mahé et Clémentine Gasque
Christophe Blain
Émile Bravo
Emmanuel Guibert
Michel Lagarde
Mathieu Sapin
MONTPELLIER
Lewis Trondheim
TOULOUSE
Sébastien Chevrot

Nos remerciements s'adressent également à toutes les personnes et institutions qui ont contribué à la réalisation de cette exposition et à la publication de cet ouvrage :
Brigitte Findakly
Anette Gehrig
Manon Kalbez
Louise Lacoste
Christophe Ledannois
Nicolas Leroy, Gallimard
Olivier Merlin, Gallimard
Lisa Rossi, Les Films du Poisson
Marjane Satrapi
Riad Sattouf
Hélène Werlé

COPYRIGHTS

© Dupuis 2024
La Fille du professeur, scénario de Joann Sfar, dessin d'Emmanuel Guibert, couleurs d'Emmanuel Guibert, Paris, Dupuis, coll. « Humour libre », 1997.

© Éditions Delcourt, 1996
Petrus Barbygère, t. 1 : *L'Elficologue*, scénario de Pierre Dubois, dessin de Joann Sfar, couleurs de Joann Sfar, Paris, Delcourt, coll. « Terres de légendes », 1996.
© Éditions Delcourt, 1998
Donjon Zénith, t. 1 : *Cœur de canard*, scénario de Joann Sfar et Lewis Trondheim, dessin de Lewis Trondheim, couleurs de Lewis Trondheim, Paris, Delcourt, coll. « Humour de rire », 1998.
© Éditions Delcourt, 1999
Donjon Crépuscule, t. 101 : *Le Cimetière des dragons*, scénario de Joann Sfar et Lewis Trondheim, dessin de Joann Sfar, couleurs de Walter, Paris, Delcourt, coll. « Humour de rire », 1999.
Petit Vampire, t. 1 : *Petit Vampire va à l'école*, scénario et dessin de Joann Sfar, couleurs de Walter, Paris, Delcourt jeunesse, 1999.
© Éditions Delcourt, 2000
Professeur Bell, t. 2 : *Les Poupées de Jérusalem*, scénario et dessin de Joann Sfar, couleurs de Brigitte Findakly, Paris, Delcourt, 2000.
© Éditions Delcourt, 2001
Petit Vampire, t. 3 : *Petit Vampire et la Société protectrice des chiens*, scénario et dessin de Joann Sfar, couleurs de Walter, Paris, Delcourt jeunesse, 2001.
© Éditions Delcourt, 2003
Petit Vampire, t. 5 : *Petit Vampire et la soupe de caca*, scénario et dessin de Joann Sfar, couleurs de Walter, Paris, Delcourt jeunesse, 2003.
© Éditions Delcourt, 2005
Petit Vampire, t. 7 : *Petit Vampire et le rêve de Tokyo*, scénario et dessin de Joann Sfar, couleurs de Walter, Paris, Delcourt jeunesse, 2005.
Grand Vampire, t. 6 : *Le peuple est un Golem*, scénario de Joann Sfar et Sandrina Jardel, couleurs de Walter, Paris, Delcourt, coll. « Machinations », 2005.
© Éditions Delcourt, 2007
Les Carnets de Joann Sfar. Greffier, Paris, Delcourt, coll. « Shampooing », 2007.
Les Carnets de Joann Sfar. Missionnaire, Paris, Delcourt, coll. « Shampooing », 2007.
© Éditions Delcourt, 2008
Les Carnets de Joann Sfar. Maharajah, Paris, Delcourt, coll. « Shampooing », 2008.
Les Carnets de Joann Sfar. Croisette, Paris, Delcourt, coll. « Shampooing », 2008.
© Éditions Delcourt, 2010
Mathieu Sapin, *Feuille de chou (journal d'un tournage)*, Paris, Delcourt, coll. « Shampooing », 2010.

© Éditions Gallimard Jeunesse
Klezmer, t. 1 : *Conquête de l'Est*, scénario, dessin et couleurs de Joann Sfar, préface de Marc-Alain Ouaknin, Paris, Gallimard, coll. « Bayou », 2005.
Klezmer, t. 2 : *Bon anniversaire Scylla*, scénario, dessin et couleurs de Joann Sfar, Paris, Gallimard, coll. « Bayou », 2006.
Le Petit Prince, d'après l'œuvre d'Antoine de Saint-Exupéry, scénario et dessin de Joann Sfar, couleurs de Brigitte Findakly, Paris, Gallimard jeunesse, coll. « Fétiche », 2008.
Chagall en Russie, deuxième partie, scénario et dessin de Joann Sfar, couleurs de Brigitte Findakly, Paris, Gallimard, 2011.
Journal de merde, scénario, dessin et couleurs de Joann Sfar, Paris, Gallimard, 2013.
À la fin des catastrophes, scénario, dessin et couleurs de Joann Sfar, Paris, Gallimard, 2022.
Comment maigrir, carnet de Joann Sfar, Paris, Gallimard bande dessinée, 2022.
On s'en fout quand on est mort, carnet de Joann Sfar, Paris, Gallimard bande dessinée, 2022.
Les enfants ne se laissaient pas faire, carnet de Joann Sfar, Paris, Gallimard bande dessinée, 2023.

© Futuropolis, 2014
Romain Gary, *La Promesse de l'aube*, illustrations de Joann Sfar, Paris, Futuropolis/Gallimard, 2014.

© Joann Sfar & L'Association, 2000
Pascin, t. 1, scénario et dessin de Joann Sfar, Paris, L'Association, coll. « Mimolette », 2000.
Pascin, t. 3, scénario et dessin de Joann Sfar, Paris, L'Association, coll. « Mimolette », 2000.

© Joann Sfar & L'Association, 2001
Pascin, t. 5, scénario et dessin de Joann Sfar, Paris, L'Association, coll. « Mimolette », 2001.

© Joann Sfar & L'Association, 2002
Harmonica, carnet de Joann Sfar, Paris, L'Association, coll. « Côtelette », 2002.

© Joann Sfar & L'Association, 2003
Parapluie, carnet de Joann Sfar, Paris, L'Association, coll. « Côtelette », 2003.
Piano, carnet de Joann Sfar, Paris, L'Association, coll. « Côtelette », 2003.
Ukulélé, carnet de Joann Sfar, Paris, L'Association, coll. « Côtelette », 2003.

© Joann Sfar & L'Association, 2005
Caravan, carnet de Joann Sfar, Paris, L'Association, coll. « Côtelette », 2005.
Pascin. La java bleue, scénario, dessin et couleurs de Joann Sfar, Paris, L'Association, 2005.

© CONG S.A.
Héctor Germán Oesterheld (scénario), Hugo Pratt (dessin), *Sergent Kirk*, *Misterix*, vers 1956

Will Eisner (scénario et dessin), « Home. Stoops », *The New York Trilogy*, *The Big City*, 1981 : originellement publié en langue française sous le titre suivant :
Will Eisner : *Intégrale New York Trilogie* TM& © 1981, 1982, 1983, 1986 WILL EISNER – © 2006 Will Eisner Studios, Inc. – Tous droits réservés.

WILL EISNER is a trademark owned by Will Eisner Studios, Inc. and is registered in the U.S. Patent and Trademark Office. Used with Permission.

Version originale (*New York: Life in The Big City*) initialement publiée aux USA par W.W. Norton & Company. Inc.

© Éditions Delcourt, 2018 pour l'édition en langue française.
Traduit de l'anglais par Anne Capuron.

CATALOGUE

MUSÉE D'ART ET D'HISTOIRE DU JUDAÏSME

Responsable des éditions
Juliette Braillon-Philippe

DARGAUD

Directeur général
Stéphane Aznar

Directeur éditorial
François Le Bescond

Directeur artistique
Philippe Ravon

Chef de studio
Adrien Samson

Responsable relations publiques
Hélène Werlé

Directrice marketing & commercial
Marie Parisot

Assistants éditoriaux
Basile Béguerie
Yohan Faumont

Fabrication
CPE

Photogravure
Colorway

Suivi éditorial
Chloé de Lustrac

Préparation et relecture des textes
Sylvie Bellu

Conception graphique
Paper! Tiger! (Aurélien Farina)

Première édition en 2023

ISBN : 978-2205-21119-1
Dépôt légal : octobre 2023
Imprimé sur un papier issu de forêts gérées durablement.

Imprimé et relié en août 2023
par PPO Graphic – 10, rue de la Croix-Martre,
91120 Palaiseau, France